POUR COMPRENDRE
L'INTÉGRISME ISLAMISTE

« Espaces libres »

MARTINE GOZLAN

POUR COMPRENDRE L'INTÉGRISME ISLAMISTE

Albin Michel

Albin Michel
■ *Spiritualités* ■

Collections dirigées
par Jean Mouttapa et Marc de Smedt

Première édition :

© Éditions Albin Michel S.A., 1995

Nouvelle édition revue et corrigée
en format de poche :

© Editions Albin Michel, S.A., 2002
22, rue Huyghens, 75014 Paris

www.albin-michel.fr

ISBN 2-226-13104-3
ISSN 1147-3762

En mémoire de Laadi Flici,
médecin et poète,
assassiné le 17 mars 1993
par trois intégristes
dans la Casbah d'Alger.

« Mon enfant me regardait, étonnée de ma tristesse, et j'ai baissé la tête car je savais qu'un jour il me faudrait lui expliquer le visage de la haine. »

Laadi Flici

« Tous les musulmans devraient s'interroger pour comprendre pourquoi la foi qu'ils aiment a produit tant de mutants » : tel fut le cri douloureux de l'écrivain Salman Rushdie, le 1er octobre 2001, trois semaines après les attentats suicides, contre les tours jumelles du World Trade Center à Manhattan et le siège du Pentagone à Washington. Un massacre de masse au cœur de la puissance américaine : près de 4 000 victimes. Ces morts sans sépulture vont hanter longtemps l'Amérique et le monde. Ces charniers bouleverser les stratégies, réduire à néant les prédictions angélistes qui donnaient pour moribond l'islamisme politique, vivier du Djihad.

Il n'est pas indifférent que ce SOS désespéré, cet appel à la conscience musulmane rationnelle, seul espoir de salut, nous n'en doutons pas, du premier monothéisme mondial par le nombre de croyants (1 milliard 200 000), émane du célèbre romancier indien, objet depuis 1989 d'un appel au meurtre de Téhéran. L'annulation de cette fatwa, le 24 septembre 1998, par le président iranien réformateur Mohamed Khatami, engagé dans une politique de normalisation avec les pays occidentaux, mettait fin, croyait-on, à une époque funeste.

Dans le même temps, cependant, les massacres redoublaient d'horreur en Algérie. Les islamistes poursuivaient leur ascension au Maroc. L'Égypte continuait à être le théâtre des attentats des Gamaat Islamiya. L'Indonésie voyait sombrer sa réputation d'Islam tranquille dans les affrontements interreligieux qui faisaient des milliers de victimes chrétiennes. La cause de l'indépendantisme tchétchène était récupérée par l'étouffant fanatisme wahhabite importé d'Arabie Saoudite. Les talibans confisquaient l'espérance afghane en interdisant aux femmes le droit de se soigner, de s'éduquer, de respirer. Plusieurs États du Nigeria, en contradiction avec la nature séculaire d'un Islam africain syncrétique, instauraient la loi islamique, la Charia. Les mouvements extrémistes palestiniens, Hamas et Djihad islamique, par leurs objectifs suicidaires, contribuaient à ruiner l'application des accords d'Oslo et à légitimer le retour aux affaires de la droite dure israélienne, hostile à un règlement politique du conflit.

Les années qui séparent le moment où j'écrivis ce livre, en 1995, des heures tragiques de l'automne 2001 furent donc marquées par un phénomène étrange. D'un côté, la barbarie continuait à faire son œuvre. Le travail inlassable des reporters aux quatre coins du monde fournissait à l'opinion tous les élé-

ments susceptibles de l'informer sur les ravages per-
pétrés contre les populations civiles au nom de ce
que les fanatiques prétendaient être l'Islam. Mais,
d'un autre côté, des courants de pensée, en Europe
et en France, tendaient à minimiser les drames, voire
à exonérer les intégristes de leurs crimes. Ce fut le
cas notamment dans l'affaire algérienne où la polé-
mique entamée en 1997 sur l'identité des auteurs
des massacres jeta le doute sur la responsabilité réelle
du GIA et consorts. Et cela, bien que les meurtres
— même ceux des bébés — aient été justifiés par
fatwa dans les colonnes des journaux islamistes algériens diffusés à Londres. Bien que les assassinats
d'intellectuels et de journalistes aient été revendiqués, en 2001 encore, par des émirs « repentis » (tel
Omar Chikhi dans une interview à l'hebdomadaire
Al-Majalla), grâciés en vertu de la loi d'amnistie du
président Bouteflika. Amnistie du reste très impopulaire dans une opinion algérienne traumatisée par la
persistance des massacres.

Ce paradoxe saisissant entre la montée des forces
de mort et la dénégation de leur réalité restera la
marque historique d'une époque. Le symbole d'une
léthargie intellectuelle dont la tragédie du 11 septembre 2001 vint pulvériser le confort.

Je ne m'étais, pour ma part, jamais illusionnée sur
la capacité mortifère des courants fanatiques destinés
à déstabiliser l'Islam comme le monde occidental.
En 1995, ma contribution au débat fut cet essai
d'élucidation de l'idéologie intégriste, via les sources
auxquelles se réfèrent ceux qui sont passés maîtres,

hier et aujourd'hui, dans l'art du lavage de cerveau.
Le Coran ne pouvait pas rester extérieur à l'analyse.
Comment était-il à la fois l'ancrage d'esprits géné-
reux, ouverts sur le monde, et le vade mecum des
anarcho-terroristes ? Quels blocages, historiques,
politiques et psychologiques, avaient autorisé, dans
le monde musulman, tant de dérives tragiques ?
Quelles étaient les conditions pour que la foi se déli-
vre des apprentis sorciers et renoue avec la grande
tradition œcuménique des versets mecquois révélés
à Mahomet alors que le Prophète, tout à sa prédication morale, n'avait pas encore entamé sa conquête
temporelle ?

Or les termes de ce débat ont pris une actualité
de plus en plus brûlante. Le journal intime des terroristes du 11 septembre 2001 (des « recommandations » avant le passage à l'acte, retrouvées dans leurs
bagages) fait référence au livre sacré des musulmans,
mais en s'appuyant sur les versets consacrés au Djihad. Nous voici au cœur même de la tragédie.
Aucune explication lénifiante ne peut plus apaiser la
soif de vérité des musulmans, trahis par ceux qui se
disent leurs frères. Inversement, aucune mythologie
agressive ne peut dresser contre l'ensemble des
croyants musulmans des Occidentaux trompés par
leur ignorance du texte coranique.

Il faut donc désormais oser tout dire. Expliquer
sans réticences. Se solidariser sans peur avec les réformateurs audacieux — mais si peu soutenus — qui,
en terre d'Islam au péril de leur vie, en terre de
France au péril de leur opinion communautaire,

appellent à une relecture des sources. Rappelons que le théologien soudanais Mahmoud Taha fut pendu pour avoir voulu différencier, au cœur même du Coran, les incantations guerrières des appels à une morale transcendante, conçue pour toute l'humanité. Constatons que des organisations inspirées par les Frères musulmans ratissent toujours trop large, en France, dans une jeunesse envoûtée par leurs prêches ambigus. Avec l'aval d'un ministère de l'Intérieur qui les a adoubées pour représenter l'Islam de France ! Au mépris de l'immense majorité des musulmans français pour lesquels les principes de la laïcité et de la République constituent, au contraire, les meilleurs garants de leurs libertés personnelles.

Comment lutter contre la désespérance jaillie des charniers américains de l'automne 2001 ? Nous le pourrons seulement au prix d'une lucidité renouvelée, d'un effort intellectuel sans failles, d'une pédagogie authentique, d'un examen minutieux des circonstances sociales et politiques qui précipitent les pays musulmans dans l'abîme. Nous le devons au nom d'un attachement sans complexes à cette laïcité, chère à un cœur français mais faite pour tous les hommes, qui garantit à chaque individu le droit d'être lui-même. Nous y réussirons en comprenant qu'au sein de tout message religieux — dans le Coran comme dans l'Ancien Testament — réside l'universel admirable de la libération comme le particularisme asphyxiant de la fermeture à autrui. Qu'en conséquence aucune révérence vis-à-vis de l'establishment des clercs ne saurait nous empêcher de tenir la raison pour la meilleure amie des croyants.

C'est en mémoire d'un médecin algérien égorgé, Laadi Flici, d'une âme tout à la fois ardemment éprise de son pays et convaincue de la nécessité d'un tournant laïque et démocratique en terre musulmane, que j'écrivis ce livre en 1995. Son Algérie n'est toujours pas guérie en 2002. C'est à la mémoire de tous ceux qui tombèrent pour cette espérance, dans la plaine de la Mitidja, les rues, les rédactions et les écoles d'Alger, les monts de Kabylie ou sur les bords du Nil, aux Afghanes martyrisées, aux Saoudiennes otages de leurs mâles hypocrites, aux Iraniens engagés par la voie démocratique dans la dure reconquête de leur libre identité, aux chrétiens d'Égypte et d'Indonésie assassinés, aux Palestiniens dont la juste ambition nationale est minée par le désastre du fanatisme, à tous ceux enfin, musulmans ou non, qui veulent arracher le voile suffocant du mensonge que je dédie à nouveau ces pages.

Paris, novembre 2001

INTRODUCTION

L'intégrisme islamiste, par sa nature et son ampleur, nous sidère. Aussi a-t-on coutume de céder, face à lui, au vertige de l'inexplicable. Ses propagandistes ne le savent que trop : leur but est de faire régner, partout, la confusion mentale. Les intégristes brouillent les pistes avec la même ardeur que les antennes paraboliques, symbole honni des liaisons planétaires. Ils communiquent par l'excommunication, l'anathème, la fatwa, décision d'un seul individu érigée en décret universel. L'incompréhensible suscitant l'incompréhension, ils se meuvent avec aisance dans un univers dont les clés nous échappent. Depuis son irruption sur la scène politique internationale, l'intégrisme est perçu comme un chaos. On en recueille chaque jour les témoignages les plus tragiques. À l'aube du prochain millénaire, si les drames continuent à s'accumuler en terre d'Islam, voire à menacer davantage le sol français, nous ne pourrons pas dire « nous ne savions pas » : pas un acteur ne manque. Il se peut, en revanche, que le mythe continue à obscurcir la réalité, que la fascination et la peur finissent par interdire l'analyse. Or l'intégrisme n'est pas un monstre jailli du néant. Il possède son cheminement, son scénario, ses raisons. Il sait manipuler les textes, les hommes et les situations. Pour le comprendre, il faut interroger les sources auxquelles il prétend se référer, les circonstances dans lesquelles il surgit, les obsessions qui l'habitent. Tel est l'objectif de ce livre.

Tout ce travail d'investigation et d'analyse est précisément ce que l'intégrisme exècre. Car il se donne comme la réponse absolue, sans la moindre interpellation contradictoire possible, à l'existence du musulman. Bien sûr, comme toute idéologie ambitieuse, il se signale par un abondant bavardage et une impressionnante floraison de textes. Les cassettes de ses prêcheurs inondent l'Orient et l'Occident. Mais la finalité réelle de cette logorrhée est de réduire au silence. L'intégrisme n'a jamais d'interlocuteurs et n'en veut pas : il ne se connaît que des adeptes ou des ennemis. Ceux qui se croient de son camp mais se résolvent à prôner un compromis, même minimal, sont d'avance voués à la mort par leurs frères d'hier : en Algérie, le Groupe islamique armé avait établi une liste noire des leaders du FIS prêts à entamer une négociation avec le pouvoir.

Ce veto absolu apposé sur la parole vise à établir un ordre social et politique qui ne sera intelligible que pour ses maîtres. On apportera un soin particulier à liquider tous ceux qui ont pour mission de transmettre la connaissance. L'adepte du Djihad se fait un devoir de régler leur compte aux religieux qui tentent un aménagement de leur foi, dans une direction conforme à l'évolution des sociétés. Car celui qui détient sur le Coran un savoir éclairé risque d'éclairer le peuple. En abattant ce perturbateur, on découragera ses émules de poursuivre leur tâche pédagogique. De nombreux imams non islamistes ont été égorgés en Algérie. Des instituteurs et des professeurs sont tombés par centaines. L'intégriste hait la pédagogie : non content d'incendier les écoles et de tuer les maîtres qui s'obstinent à enseigner, il assassine les enfants qui s'entêtent à apprendre.

Ces crimes constituent la phase finale d'un processus fondé au départ sur un génie certain de la démagogie. L'étape qui précède la montée au maquis et la dictature de l'incompréhensible est la descente dans les quartiers miséreux où l'on surenchérit sur la compréhension d'Allah. Aux pauvres, les militants assurent que la justice de Dieu pourvoira à tout, via leurs bonnes œuvres. On soigne et on panse les plaies ouvertes par l'incurie des différents régimes. Ce dévouement d'infirmier permet de recruter chez les patients reconnaissants ceux qui viendront grossir demain les troupes des combattants du Djihad. Ce schéma est le même partout, de la Casbah algéroise aux camps de Gaza, des bidonvilles du Caire à ceux de Casablanca.

En terre d'Europe, la tactique est plus sournoise. Elle vise encore et toujours les élites musulmanes – peu nombreuses, hélas – qui prônent un Islam débarrassé de ses archaïsmes. On les déconsidérera auprès de leur base éventuelle en les faisant passer pour un mince bataillon d'hurluberlus, coupés des masses et des réalités, « vendus » à l'Occident. Pour ce qui est des non-musulmans, on pratiquera l'apartheid intellectuel. L'Islam appartient aux musulmans et non aux « Kuffars », aux impies. Le commentaire et l'analyse de la tradition, la lecture et l'explication du message prophétique sont jalousement préservés de toute ingérence extérieure. Un grand hebdomadaire français ayant consacré en février 1993 une enquête au détournement du Coran par les intégristes, avec publication des versets coraniques prônant la tolérance, la rédaction fut assaillie de coups de fil menaçants : « Comment osez-vous parler du Coran, c'est "Haram", interdit [1] ! »

Cette stratégie est remarquablement payante. Coupé de ses sources d'information, le public non musulman ne sait pas de quoi on parle, encore moins au nom de quoi cette clameur tue. C'est ainsi que peu à peu, faute de données logiques, l'intégrisme s'imprime dans la conscience occidentale comme une fatalité de l'âme musulmane. Cette perception résignée n'influence pas seulement les opinions publiques : elle marque désormais de son sceau les politiques internationales, américaine notamment. « Nous pensons que la laïcité et la démocratie à l'occidentale sont vouées à l'échec dans un pays musulman », confiait en 1994 un diplomate américain alors que les porte-parole du FIS, indésirables à Paris, étaient à cette époque reçus officieusement à Washington.

De ce fatalisme-là, il convient de faire table rase. Non pour proposer une vision angéliste de l'évolution des sociétés musulmanes – on ne lutte pas contre des illusionnistes à coups d'illusions –, mais pour éclairer les raisons de leur brutale déraison. Tout cyclone progresse selon une logique particulière. Or le cyclone intégriste bénéficie de conditions climatiques exceptionnelles. Il a sa météo propre, condensation du politique et du culturel, du social et de l'économique, de l'intime et du collectif.

Quelles sont les conditions objectives de son déferlement ? À partir de quand et pourquoi un pays est-il mûr pour l'intégrisme ? Comment détecter les cotes d'alerte, les seuils de résistance ? Dans quelles failles, fractures, déchirures, le « fascisme vert » – comme le nomment les Algériens prêts à en découdre pour qu'il ne les submerge pas – s'engouffre-t-il ? L'intégrisme a-t-il vraiment un projet de société ? Le Coran contient-il ou non des éléments de régression ? Pourquoi le sort des femmes est-il devenu l'un des enjeux majeurs de l'intégrisme ? Une résistance est-elle possible ? L'Occident et le monde musulman sont-ils voués à s'affronter ? Est-il encore possible d'apaiser les tensions en terre d'Islam ? Comment empêcher qu'elles ne gagnent l'Europe ?

À toutes ces questions, on tentera ici de répondre en évitant le schématisme comme la complaisance. Seule l'indépendance d'esprit est le garant de la clarté, loin des sourdes censures exercées ici ou là par les clercs et les politiques. Car rien n'est plus propice aux pressions et aux manipulations de tous ordres qu'un texte qui touche à l'Islam et à cette déviation que nous nommons intégrisme. Le terme même, beaucoup de musulmans et de non-musulmans le récusent comme s'il n'était qu'une invention médiatique. Or les médias n'inventent rien, ils se contentent de montrer ce qui ne devrait pas l'être. Mieux, la haine des médias tant clamée par les intégristes qui se font, en Algérie, une spécialité d'égorger les journalistes est un simulacre. L'intégrisme sait fort bien, quand il le faut, utiliser les médias. Et pour cause : l'intégrisme lui-même n'est qu'un gigantesque médium, avec des techniques de communication qui laisseraient pantois les directeurs des plus grandes chaînes de télévision internationales. L'affaire Rushdie, point d'orgue de la propagande islamiste en 1989, l'a prouvé en se propageant d'un bout à l'autre de la planète : la plupart des capitales ont vécu au moins une manifestation au cours de laquelle des cris de mort furent lancés contre Salman Rushdie. Dans les cas – rares – où la haine n'occupait pas le pavé, elle s'exprimait par la bouche d'une nuée d'obscurs cheffaillons de mosquée, de l'Afrique noire à l'Indonésie[2]. Qu'y avait-il derrière cette formidable déferlante ? Une très puissante et très cynique orchestration du mensonge, menée de main de maître par des professionnels de la désinformation. Aujourd'hui, des maquis algériens, on faxe communiqué sur communiqué vers les rédactions de Paris, Bonn, Washington. Les listes des condamnés à mort sont saisies sur ordinateur. L'archaïque rituel des meurtres – mutilations, décapitations – va de pair avec l'ultra-modernisme de leur publicité.

Où est Dieu dans cette sophistication sanguinaire ? On ne l'invoque que pour annuler immédiatement l'impératif moral qui fit de Mahomet le messager d'une nouvelle espérance. L'intégrisme est-il un phénomène religieux ou, au contraire, la négation des bases élémentaires de la religion, perçue par tout croyant sincère comme un effort d'harmonisation des relations personnelles et sociales ? L'intégrisme s'appuie en tout cas avec un savant machiavélisme sur un terreau fertile en malheurs divers pour faire triompher son véritable tempérament. Lequel est exclusivement politique. Allah ? Un formidable alibi. Le seul capable de faire marcher des foules exaspérées. Ces foules-là manifestent, nous dit-on, leur violent désir de sacré. Ôtons un mot : ces foules ont tout simplement des désirs dont l'absence de réalisation les rend folles. Elles ont faim de pain, de toit, de travail et de sexualité.

Ce dernier aspect est généralement sous-estimé par les commentateurs. La frustration sexuelle est pourtant l'une des clés de la violence intégriste. En Algérie, dans les quartiers populaires, fiefs du Groupe islamique armé, les couples mariés doivent attendre que les sept ou huit personnes qui s'entassent sous le toit familial soient dehors, une fois tous les quinze jours, pour faire l'amour. En même temps, sur le petit écran, seul luxe du taudis, s'égrène la chronique des orgasmes à l'occidentale. L'intégrisme fond sur ce manque et l'électrise. La jouissance jaillira enfin à l'hypothétique avènement de la justice coranique. En attendant, c'est la mort qui s'érige en paradis sensuel. Les moudjahidins des montagnes algériennes en exaltent les délices. Le chanteur kabyle Lounès Matoub, enlevé par le GIA en septembre 1994 puis libéré quinze jours plus tard (il sera finalement assassiné en juin 1998), a pu constater en direct, dans le maquis de ses ravisseurs, cette fascination pour l'au-delà : « Lorsque l'émir évoque la mort, c'est toujours en des termes très doux. Le paradis n'est que miel, torrents de lait, sucre. Là-bas, les femmes sont belles. Avec une goutte de leur salive, elles créent des océans de parfums. La mort au Djihad ouvre l'accès à des plaisirs enfin permis. Plus ils tueront, plus ils auront de chances d'atteindre ce paradis[3]... » Dans une vidéo-cassette de propagande du même GIA, diffusée en France, c'est toujours l'ambiance mortuaire qui domine : sourates des derniers instants, mise en terre des martyrs, pleurs extatiques. Macabre idéologie que l'on retrouve au Moyen-Orient, chez les commandos palestiniens du mouvement intégriste Hamas. « Nous aimons la mort autant que les juifs aiment la vie ! » clame un leader de Gaza en appelant ses troupes aux actions suicides. Un aveu de taille. Il illustre, en un raccourci magistral, le caractère funèbre de l'intégrisme. En témoigne son symbole le plus célèbre : le voile noir des femmes, véritable linceul plaqué sur le corps des vivantes.

Comment cette agonie programmée pourrait-elle signifier un « réveil » de l'Islam ? Il s'agit bien au contraire de la mise au tombeau de l'une des trois grandes religions monothéistes : dans cette affaire, l'Islam est la première victime. Plutôt que d'instruire – par incompréhension toujours – son procès, on s'attachera dans ce livre à démystifier ses assassins.

CHAPITRE PREMIER

L'Islam est-il une machine
à fabriquer du fanatisme ?

Le printemps de Médine ou la démocratie des origines

En l'an 623, vers la fin mai, dans une oasis perdue d'Arabie, un prédicateur venu s'installer là avec sa troupe de fidèles depuis moins d'un an édicte un texte politique révolutionnaire pour le temps et le lieu où il s'inscrit. Tout en respectant les différences religieuses et claniques des habitants de cette palme-raie – peuplée d'Arabes et de juifs –, le législateur établit une citoyenneté commune où priment la responsabilité individuelle et le dévouement de chacun à la collectivité. Cet écrit deviendra pour les historiens la Constitution de Médine. Car nous sommes à Médine, littéralement « la ville », nom que les musulmans donneront plus tard à cette oasis de Yathrib où Mahomet, fuyant La Mecque distante de 500 kilomètres, s'est réfugié avec les siens. Mahomet le Prophète, porteur du message divin, le Coran (« La récitation »). Mais aussi Mahomet le politique, soucieux de former à Médine une nation en miniature. Un État multireligieux et multiculturel : les juifs disposent des mêmes droits que les musulmans, ces nouveaux croyants. Bien sûr, cette Constitution est inspirée par une logique de guerre : celle qui devient inéluctable entre Médine dirigée par Mahomet et La Mecque gouvernée par ses ennemis, les Quoraishites. Néanmoins, elle témoigne d'un véritable génie de l'unité nationale – fût-ce à l'échelle d'une oasis – dans le respect des droits des citoyens. L'autre n'y est pas vécu comme un être à abaisser mais comme un frère. Sur le plan interne, « la loi du clan est dépassée. Les liens d'alliance ont remplacé les liens du sang », note l'islamologue Anne-Marie Delcambre[1] en soulignant que « ce pacte est aussi un chef-d'œuvre de politique internationale. Il fait entrer les tribus juives et arabes dans une sorte de confédération dont les membres se doivent une protection mutuelle ».

Comment les croyants d'une religion dont le fondateur a rédigé pareil texte ont-ils pu se transformer en missionnaires de la haine comme c'est le cas aujourd'hui ? En tenants de cette « pureté dangereuse », selon l'expression de Bernard-Henri Lévy[2], qui vise, non l'alliance avec l'autre, mais son extermination, à travers un étouffant réseau d'anathèmes, parfaitement étrangers à l'esprit du lointain printemps de Médine ?

La première raison, c'est qu'aucune publicité n'a jamais été donnée par la tradition à ce texte parfait. La seconde raison, c'est que la Constitution de Médine a volé en éclats au bout d'un an, des dissensions ayant surgi entre tribus juives et arabes au sujet de la guerre à mener ou non contre La Mecque. Mais ce qui coiffe ces deux explications touche au caractère même de l'Islam : son ambivalence profonde, son permanent va-et-vient entre le religieux et le politique, entre l'esprit de tolérance et l'esprit de conquête.

Les deux Mahomet

Il y a un Mahomet prophète et un Mahomet chef de guerre. Il y a un Mahomet des droits de l'homme et un Mahomet de la répression. Il y a un Mahomet dissident, rebelle sans armes, fasciné par Jésus-Christ dont il découvre l'histoire et les enseignements à l'âge de 12 ans, lors d'un voyage en caravane avec son oncle vers la Syrie : aux portes de Bosra, terminus des caravanes venues d'Arabie, l'enfant aurait parlé à des moines chrétiens [3]. Mais il y a aussi un Mahomet général qui n'hésite pas à faire couler le sang pour Dieu.

Aucune grille d'explication de l'Islam, en ses promesses comme en ses hérésies, ne peut passer sous silence cette dualité. Dès l'aube de la nouvelle foi, l'ombre et la lumière se succèdent avec une rapidité qui finira, on le comprend, par brouiller l'effort d'analyse des commentateurs. La Constitution de Médine, en l'an 623, est l'expression achevée d'un grand moment humaniste. Mais, en 627, les juifs, accusés de trahir le Prophète, seront décapités, leurs corps jetés dans des fosses creusées sous ce marché de Médine où chaque citoyen commerçait avec l'autre trois années auparavant. Métamorphose de l'agora en charnier.

Encore cela ne compose-t-il qu'un exemple mineur. En fait, c'est la saga tout entière des origines qui est marquée par la dualité. Car le dédoublement de la personnalité du Prophète sous le poids des événements va produire un dédoublement du texte sacré. Sur les 6 236 versets que contient le Coran (répartis en 114 sourates), une partie a été révélée à La Mecque, une autre à Médine. Les rédacteurs du texte final ont juxtaposé les versets sans tenir compte de cette chronologie. Ce n'est qu'au XIXᵉ siècle que les experts musulmans et les orientalistes européens ont pu mettre en lumière la datation initiale. Ils s'appuient sur trois critères, note Régis Blachère, l'un des grands traducteurs du Coran en français : « Allusions du Coran à des événements connus, contenu du texte, style des révélations [4]. » On est ainsi amené à distinguer les « versets mecquois » des « versets médinois » : la nature de la prédication varie de façon frappante selon le lieu et l'époque. Chaque verset correspond en fait à un moment particulier de la vie du Prophète.

Les grandes lois morales, les recommandations éthiques, les appels à la générosité sont prophétisés à La Mecque. Mahomet y est au début de son aventure. C'est un homme presque seul, appuyé par son épouse Khadidja, son jeune cousin Ali, un ancien esclave nommé Zaid, le marchand Abu-Bakr et des disciples qui viennent vers lui, envoûtés par le charisme de ce prédicateur d'une grande douceur et d'une grande beauté – cet élément compte car l'Arabie vénère la sensualité et la poésie – qui appelle à l'avènement d'un autre ordre sur la terre. Un ordre inspiré par le Dieu unique mais ô combien plus humain que la société sans pitié de l'époque. Car La Mecque est dure aux pauvres, aux étrangers, aux femmes : on enterre vivantes dans le sable les petites filles, symbole des bouches inutiles. Dans cette capitale du désert, on n'existe que par le rang, le sang, la fortune. Les grandes familles de marchands règnent sans rivales. Elles tirent profit du pèlerinage annuel au sanctuaire de la Kaaba, la Pierre noire, où l'on adore trois déesses : Lat, Ozza et Manat. À l'occasion du pèlerinage se tient une gigantesque foire commerciale. Aux riches, le polythéisme rapporte. Les pauvres, eux, rampent. Or Mahomet a été pauvre : il ne doit l'aisance matérielle qu'à son mariage avec la riche Khadidja, femme d'affaires de 40 ans dont il conduisait les caravanes avant de l'épouser.

La personnalité de Mahomet, dans ce contexte, est donc, répétons-le, celle d'un dissident. Son message spirituel est extraordinairement social. Il prône l'égalité de tous devant Dieu, la liberté de l'individu face aux pressions de l'argent et de la force brutale, la fraternité de tous les croyants, la fin du polythéisme comme idéologie du mensonge et du profit. Ces « versets mecquois » sont par ailleurs fortement influencés par le christianisme et le judaïsme. Mahomet s'appuie sur les révélations antérieures, rend hommage à Abraham, Jésus, Moïse. À ce moment-là de la vie du Prophète, et donc dans cette partie du Coran, on assiste à la symbiose des trois religions. Quelque chose d'inédit se met en place, qui mêle la générosité chrétienne, le souffle prophétique juif et le verbe fulgurant des grands poètes d'Arabie. Aujourd'hui encore, c'est à ces versets fondés sur l'amour, la justice et le mystère divin que font référence les musulmans qui refusent de confondre la foi et le politique.

Mais le ton, peu à peu, va se durcir. Mahomet espérait rallier très vite les Mecquois au nouveau message. Or les grandes familles marchandes se sentent directement attaquées par l'égalitarisme de la nouvelle religion. Elles redoutent que la destruction des idoles et l'avènement du monothéisme ne sonnent le glas de la foire-pèlerinage si lucrative. Mahomet est menacé. Il menace en retour dans ses versets. Le jugement dernier, discrètement évoqué au début de la prophétie, devient de plus en plus obsédant. Le Prophète détaille toutes les modalités du cauchemar qui s'abattra sur les incroyants et les « hypocrites », ses ennemis, comme les délices qui attendent ceux qui auront vécu saintement.

En 622, il se résout enfin au départ, émigre vers Yathrib, la future Médine. Au fur et à mesure que s'impose l'idée d'une guerre totale contre La Mecque, une notion nouvelle, le Djihad, la guerre au nom d'Allah, apparaît dans les versets de l'époque médinoise. Le Coran mêle alors la prédication morale au courroux contre l'ennemi. Les juifs, alliés d'hier, voire inspirateurs, sont dénoncés comme ayant sans cesse moqué Mahomet, après avoir travesti la parole d'Abraham. Les chrétiens sont également frappés d'ostracisme : « Vous qui croyez, ne nouez ni avec les juifs, ni avec les chrétiens de rapport de protection. Qu'ils le fassent les uns avec les autres ! Quiconque d'entre vous en nouerait avec eux conséquemment serait des leurs. Dieu ne guide pas un peuple d'iniquité[5] ! »

Exhortation en contradiction totale avec l'amitié pour les « gens du Livre », comme Mahomet nomme respectueusement juifs et chrétiens en des versets dont l'état d'esprit procède manifestement d'un autre temps.

D'expédition en expédition, jusqu'à la chute totale de La Mecque en janvier 630, on assiste donc au fil des sourates à une justification de la lutte armée ainsi qu'à sa réglementation : traitement des prisonniers, des captives, répartition du butin. Le Coran se lit alors comme un texte épique, avec vainqueurs et vaincus. Par là, il rejoint la narration des faits guerriers des Hébreux dans la Bible. En revanche, il se sépare radicalement des Évangiles.

Le Djihad : du combat sur soi-même à la guerre sainte

Le Djihad, ou guerre sainte, est devenu un terme célèbre pour les Occidentaux depuis son utilisation répétée par les intégristes. Cette notion recèle une

menace de guerre totale vis-à-vis des non-musulmans ou des musulmans accusés de trahir l'Islam.
L'actualité nous la remet sans cesse en mémoire à
travers les sigles que se donnent les mouvements
islamistes partout dans le monde. On compte des
dizaines de Djihad de l'Égypte à l'Indonésie, du
Cachemire à la Palestine, de l'Algérie à la Birmanie,
des Philippines à la Chine. D'année en année, il s'en
crée de nouveaux dans des zones qu'on croyait épar-
gnées. Leur personnalité, leur impact, leurs succès
sont très variables, mais tous prônent la lutte armée
au nom du Coran en vue de l'établissement d'un
État islamique. La propagande d'autres groupes, qui
portent des noms différents, s'appuie sur ce même
concept de Djihad, martelé dans les communiqués
de revendication de meurtres et d'attentats.

Le Djihad est incontestablement une notion coranique. Mais une notion dont le sens s'est modifié,
pour Mahomet, selon l'époque. Étymologiquement,
le Djihad signifie l'« effort ». Le Prophète utilise le
mot pour la première fois dans les versets mecquois :
effort pour contrôler ses pulsions et ses passions,
effort de tension du croyant vers le bien et la perfec-
tion exigés par Dieu. Le Djihad constitue alors un
impératif moral.

Tout autre est la signification du Djihad que
Mahomet va prôner ensuite à Médine, quand au
charisme du prédicateur il adjoint l'autorité du leader politique et la stratégie du chef d'état-major.
« Le terme dépasse le simple sens moral pour inclure
la lutte individuelle et collective contre les païens de

La Mecque, explique l'intellectuel égyptien Saïd Al-Ashmawy, en raison des circonstances, le sens origi-nel, éthique et spirituel cédait le pas à un sens maté-riel, qui devait finir par l'emporter[6]. » Autrement dit, l'« effort » de guerre se substitue à l'« effort » moral. À travers ces deux Djihad, dont les intégristes ne retiennent que le plus belliqueux, on retrouve encore une fois les deux Mahomet et les deux Coran.

Les sources réelles de la claustration des femmes

Sur le plan des mœurs, sujet si brûlant aujour-d'hui, on constate que Mahomet codifie les règles qui régissent le mariage seulement à partir du moment où il assoit son pouvoir. La sourate intitu-lée « Les femmes », celle de « La répudiation », comme celle qui recommande le voile datent de Médine. L'esprit général est celui de ce verset qui voue les musulmanes au silence pour les siècles des siècles :

« Les hommes ont le pas sur les femmes. Par les dons qu'il leur a octroyés, Dieu les a élevés au-dessus des femmes[7]. »

Ce dogme – car il s'agit bien d'un dogme – n'a pas plus de rapports que la polygamie avec l'expé-rience conjugale de Mahomet lors de sa première vie à La Mecque. Le Prophète n'y eut pas d'autre femme que Khadidja. Il fut monogame pendant vingt ans, jusqu'à la mort de l'épouse. Fait remarquable, sans doute imputable à la personnalité exceptionnelle de

Khadidja, véritable super-woman de La Mecque.
Celle-ci n'avait pas hésité à demander elle-même le
jeune caravanier en mariage en des termes dont peu
de musulmanes useraient aujourd'hui :

« Tu sais que je suis une femme considérée et que
je n'ai pas besoin d'un mari. J'ai refusé tous les hommes importants qui m'ont demandée. J'ai jeté les
yeux sur toi, car je t'ai trouvé honnête et tu prendras
soin de ma fortune[8]. »

La fière Khadidja n'eut pas de rivale malgré une
différence d'âge de quinze ans avec son jeune époux.
Cette fidélité exemplaire n'a pas été commentée par
la tradition. Outre l'amour sincère qui le liait à cette
femme peu commune, on peut aussi supposer que
le premier Mahomet, engagé dans la contestation
radicale de l'ordre mecquois, jugeait sévèrement la
polygamie qui était alors la règle. Tout changea,
comme le reste, sous l'influence des circonstances. À
Médine, Mahomet eut neuf épouses (dont l'une,
Aïcha, la plus célèbre, fut déflorée à l'âge de 9 ans
par le Prophète), sans compter les concubines, choi-
sies parmi les captives de guerre. Il décida de mainte-
nir la polygamie, limitée, il est vrai, à quatre femmes,
et assortie d'une recommandation sur laquelle se
fondent aujourd'hui les réformateurs soucieux,
comme en Tunisie, d'interdire cette pratique :

« Épousez ce qui vous plaira d'entre les femmes,
par deux, ou trois, ou quatre. Mais si vous craignez
de n'être pas justes, alors seulement une[9]... »

Les commentateurs insistent toujours sur le soin
que mit Mahomet à restaurer les intérêts matériels

des femmes qui étaient particulièrement sans défense dans la société bédouine. Ceci est exact pour l'époque mais fait vivre les musulmanes d'aujourd'hui sous le signe d'une injustice légale. En matière d'héritage, la femme ne perçoit que la moitié de la part de l'homme. Devant un tribunal, son témoignage vaut la moitié de celui d'un homme. En amour, elle continue à se voir imposer des compagnes avec lesquelles elle doit partager le lit de son époux. La jalousie n'épargna pas le harem de Mahomet : la tradition rapporte de nombreux épisodes où chacune se vantait d'être la préférée en moquant les autres. La plus jeune, Aïcha, clôturait le débat en rappelant : « Le Prophète a eu en moi une vierge, personne ne m'ayant possédée, tandis que toutes ses autres femmes avaient eu des époux avant lui [10]. »

Cependant la polygamie n'était pas une caractéristique de la seule société bédouine puis musulmane. La tradition juive l'a tolérée très longtemps, jusqu'à son interdiction au Xe siècle par Rabbi Guershon, en Rhénanie. Sur ce plan, ce serait donc intenter un faux procès au Coran que de lui tenir rigueur du maintien de cet usage dans l'Arabie du VIIe siècle. Ce qui pose problème dans le monde moderne, c'est le refus par les traditionalistes, puis par les intégristes, de renégocier une législation coranique marquée du sceau de l'archaïsme.

En revanche, on peut se demander si la plupart des entraves bel et bien mises par Mahomet à l'activité sociale des femmes n'ont pas été inspirées par l'ambiance de Médine. Cette oasis était en effet à La

Mecque ce qu'un chef-lieu de canton pourrait être à Paris, ou une ville perdue du Texas à New York. À La Mecque, une femme de haut rang pouvait vaquer à ses affaires. La réussite commerciale de Khadidja, son audace quand elle décida d'épouser le très jeune Mahomet n'auraient peut-être pas été possibles dans la provinciale Médine. L'idéologie de la claustration des femmes trouve-t-elle sa source dans le conformisme de la nouvelle patrie de Mahomet dont, pour asseoir son pouvoir, il n'entend pas bousculer les usages ?

Aux origines du voile

Dans ce gros bourg où les affaires privées donnent rapidement lieux aux ragots publics vont se produire des incidents parfaitement dérisoires, mais d'où découlera cette fameuse affaire du voile qui fait couler tant d'encre – et de sang – aujourd'hui. Laissons la parole, pour les raconter, à Roger Caratini, spécialiste de l'histoire arabo-musulmane et qui a passé au crible la vie de Mahomet[11]. « Les appartements des épouses du Prophète donnaient sur une cour, à côté de la mosquée qui était devenue un lieu public ainsi que la résidence personnelle de Mahomet, où défilaient compagnons, combattants, émissaires, plaideurs, fidèles de toutes sortes... Les femmes du Prophète étaient harcelées, de jour, par des quémandeurs qui leur proposaient des requêtes afin qu'elles les présentassent à leur puissant époux : c'était là, pensaient-ils, un moyen d'obtenir une entrevue, une faveur. La nuit, ou à la tombée du jour, des voyous guettaient les femmes de l'Apôtre, soit pour les surprendre à leur toilette, soit pour les insulter. Lorsqu'ils étaient pris sur le fait, ils donnaient comme excuse qu'ils avaient confondu ces femmes, plus respectables que toute autre, avec des esclaves. C'est vraisemblablement pour éviter ce genre d'incidents que fut institué entre 625 et 627, et peut-être sur les conseils d'Omar (futur calife), le port du voile [hidjab] pour les femmes du Prophète. Le Prophète en eut la révélation dans les versets 53 et 59 de la sourate 33 :

"Prophète, dis à tes épouses, à tes filles, aux femmes des croyants de revêtir leurs mantes : sûr moyen qu'elles soient reconnues et qu'elles échappent à toute offense..."

La mante dont il est question est une cape, une sorte de grand voile allant de la tête aux pieds et recouvrant les vêtements. Ces versets sont complétés par le verset 31 de la sourate 24 :

"Dis aux croyantes de baisser leurs yeux et de contenir leur sexe ; de ne pas faire montre de leurs agréments, sauf en ce qui émerge, de rabattre leur fichu sur les échancrures de leur vêtement. Elles ne laisseront voir leurs agréments qu'à leur mari, à leurs enfants, à leurs pères, beaux-pères, fils, beaux-fils, neveux, neveux de frères ou de sœurs, aux femmes de leur communauté, à leurs captives, à leurs dépendants mâles incapables de l'acte sexuel, ou garçons encore ignorants de l'intimité des femmes. Qu'elles

ne piaffent pas pour révéler ce qu'elles cachent de
leurs agréments." »

Le voile concerne donc bien, à l'origine, uniquement les femmes du Prophète. Historiquement, ce
fait est attesté par les biographes officiels de Mahomet, Ibn Ishaq au VIIIe siècle et Al-Tabari au Xe siè-
clequi relatent, tous deux, l'incident des
« dragueurs » de Médine. Autre preuve que le port
du voile n'était destiné qu'au harem de Mahomet :
des chroniques rapportent que la petite-fille d'Abu-
Bakr, le premier calife, « sortait à visage découvert
et recevait hommes et femmes dans son salon de
Taief, près de La Mecque [12] ».

La loi islamique : le règne de l'approximation

Quels que soient le degré de réflexion et le désir
d'ouverture d'un musulman soucieux aujourd'hui de
rétablir une image positive de sa religion, face aux
crimes de l'intégrisme, il finit toujours par buter sur
le texte. Un texte intouchable, inchangeable en ses
préceptes puisque le moindre alinéa revêt un caractère sacré : c'est Allah lui-même qui l'a dicté à
Mahomet par l'intermédiaire de l'ange Gabriel. « En
arabe », martèle l'un des premiers versets, ce qui dote
cette langue, elle aussi, d'une spécificité divine.

Le Coran a d'abord été transcrit par les disciples
de Mahomet sur des omoplates de chameaux, des
nervures de palmes, des fragments de poterie. La
première rédaction de tous les versets est l'œuvre,

vingt ans après la mort du Prophète, de son scribe préféré, Zaid. Au cours des deux siècles suivants, ce texte subit des transformations selon les contrées de l'empire où il s'ancrait, de la Syrie à la Perse. La version définitive fut établie à Bagdad au début du Xᵉ siècle.

Tout ce qui est « dicté » à Mahomet dans le Coran fait loi. C'est à partir du livre d'essence divine que se construira le droit musulman, le « Fiqh », énorme dédale de juridictions, qui sinue au fil des siècles et des pays, quadrillant la société d'un réseau serré de préceptes et d'interdits qui n'ignorent aucun des aspects de l'existence, du sublime au trivial.

Les juristes s'appuieront également sur la Sunna, seconde source de la foi musulmane, humaine celle-ci, dans laquelle sont consignés les faits et gestes du Prophète rapportés par ses compagnons. Ces historiettes, qui se comptent par milliers, sont appelées les hadiths, au sens littéral les « traditions ». Elles tissent la légende dorée du Prophète. Comme la règle est l'imitation de Mahomet, qualifié de « Beau modèle », les textes souvent fantaisistes de la Sunna finiront par avoir aussi force de loi. Mieux, de nombreux juristes, pour donner plus de poids à leurs décisions, n'hésiteront pas à inventer des hadiths. Saisis de scrupules, d'autres s'acharneront à distinguer les vrais récits sur Mahomet des faux. Souvent dans l'incapacité de trancher, ils établiront une catégorie qui en dit long sur le flou du sujet : les hadiths « douteux ». Mais la virtuosité dialectique d'un juriste musulman est infinie : les plus rétrogrades sauront l'art de justifier l'injustifiable en tordant les textes, histoire d'établir la véracité de ces hadiths « douteux » mais si commodes !

Que nous apprend cette longue chaîne de travestissements ?

D'abord que la fameuse loi islamique, appliquée aujourd'hui en Iran, au Soudan, au Pakistan, en Afghanistan, en Arabie Saoudite, dans plusieurs États du Nigeria – et, sous des formes déguisées, au Maroc avec le « Code du statut personnel », en Algérie avec le « Code de la famille » – est basée sur l'approximation. Depuis des siècles et des siècles, on légifère à partir de l'invérifiable. Un « fuqaha », un docteur de la loi, peut faire dire aux textes ce qu'il lui plaît.

Ensuite, que ce flot d'à-peu-près péremptoires trouve sa source dans la sacralisation du texte fondateur, le Coran, dont on a vu que nombre de prescriptions reflètent tout bonnement l'état d'esprit d'un homme et d'une époque.

Conscients du blocage intellectuel suscité par le dogme d'un Coran de nature divine, planant au-dessus du temps, des philosophes se lancèrent dans la contestation, au IXe siècle, à Bagdad, réussissant même à convaincre le calife de l'époque, Al Ma'-mun, par ailleurs grand admirateur d'Aristote, qui en fit la doctrine officielle de son règne en 827. Ces intellectuels, appelés les « Mutazilites » (littéralement : « ceux qui se tiennent à l'écart »), voulaient réconcilier Allah avec la raison. La tentative fut de courte durée : vingt ans ! Et la répression sanglante.

Encore aujourd'hui, nos philosophes de Bagdad continuent à avoir une réputation exécrable auprès des religieux musulmans pourtant les plus modérés : le Coran est et restera sacré. Sacrés, ses plus beaux versets sur la responsabilité et la solidarité humaine. Mais sacré aussi, son arsenal répressif au nom duquel on humilie et on tue.

Flagellations, amputations, lapidations :
l'écrit et la pratique

Pas un jour ne s'écoule dans le monde musulman contemporain sans que des sanctions, édictées au VIIᵉ siècle pour une société bédouine, soient prononcées contre des hommes et des femmes, par ailleurs citoyens et citoyennes de pays qui siègent à l'ONU. Les juges qui les prononcent ont la conscience tranquille. Ils accomplissent leur devoir religieux, leur fonction de juriste d'Allah. Les arrêts qui ordonnent la flagellation, l'amputation, la crucifixion s'ouvrent tous sur cette invocation suprême : « Au nom de Dieu le Clément et le Miséricordieux. »

La question qui nous hante, devant les images de flagellation en Arabie Saoudite, l'annonce des amputations au Soudan, la poursuite des lapidations en Iran, la justification de ces tortures par les talibans afghans, sans oublier les programmes politiques intégristes qui veulent restaurer ces peines, est toujours la même : le Coran a-t-il voulu cela ?

Eh bien oui, le Coran sanctionne le vol de l'amputation : « Tranchez les mains du voleur et de la voleuse : ce sera une rétribution pour ce qu'ils ont commis et un châtiment de Dieu » (sourate 5 verset 38).

Selon certaines sources, cette sanction aurait été abolie par Omar, le second calife. Elle a été rétablie par ses successeurs. Au Soudan, sous le règne du général Nemeyri, en 1985, on a amputé des enfants qui volaient pour manger. Des milliers de mères désespérées ont alors manifesté à Khartoum.

Eh bien oui, le Coran ordonne la flagellation de l'homme et de la femme adultères : « Frappez le débauché et la débauchée de cent coups de fouet chacun » (sourate 24, verset 2).

Mais il prévoit également, dans une affaire aussi grave, la flagellation pour faux témoignage : « Frappez de 80 coups de fouet ceux qui accusent les femmes honnêtes sans pouvoir désigner quatre témoins » (sourate 24, verset 4).

Le Coran punit de mort les ennemis d'Allah : « Ils seront tués ou crucifiés ou bien leur main droite et leur pied gauche seront coupés ou bien ils seront expulsés du pays » (sourate 5, verset 33).

En Arabie Saoudite, aujourd'hui, les condamnés sont exécutés par le sabre et on crucifie leurs cadavres...

Les plus ouverts des théologiens à qui l'interlocuteur fait part de son étonnement face au maintien de pratiques aussi archaïques n'évoquent pas un seul instant l'éventualité de leur abrogation. Ils font valoir au contraire l'excellence de leur formulation,

les précautions dont Mahomet s'entoure pour préve-
nir les excès de rigueur. Ainsi la femme ou l'homme
coupables de fornication ne sont fouettés que si leur
accusateur a réussi à produire quatre témoins ayant
assisté à l'acte et pouvant jurer qu'« on n'aurait pu
faire passer un fil entre l'homme et la femme ».

Mieux vaudrait pourtant en finir au plus vite avec
cet aveuglement. Rappelons d'abord que le témoignage d'une femme ne vaut que la moitié de celui
d'un homme. Ensuite, l'intelligence et l'éthique des
juges étant loin de valoir celles de Mahomet, l'auteur
de ces lignes a pu se rendre compte, lors d'une
enquête dans les tribunaux islamiques du Pakistan [13],
que l'application des sanctions prévues par le texte
sacré a pour résultat de condamner au fouet pour
fornication des jeunes filles victimes de viols ! Leurs
agresseurs se font en effet fort de produire les
témoins, mâles, qui attesteront de leur conduite
impudique.

Autres explications confuses des mêmes fins théologiens en ce qui concerne l'amputation pour vol.
Celle-ci ne devrait être appliquée qu'au cas où, la
justice régnant enfin sur la terre, le voleur aurait volé
non par besoin mais par vice... Les maîtres de la
République islamique du Soudan, longtemps centre
de gravité de l'intégrisme international, ne s'embar-
rassent pas de telles subtilités. Les amputations sont
devenues une histoire banale à Khartoum. En Arabie
Saoudite, on joue odieusement les tartufes : histoire
de moderniser le Coran, il y a maintenant des chi-
rurgiens chargés d'amputer le coupable. « Notre pays

applique les lois divines et n'accorde aucune impor-
tance à ceux qui les critiquent », déclarait en avril
1995 le ministre de l'Intérieur saoudien...

La lapidation, qui a acquis ses lettres de noblesse
en Iran depuis la révolution islamique de 1979,
constitue, elle, un excès de zèle par rapport à ce que
souhaitait le Prophète. Elle ne s'appuie pas sur le
Coran mais sur une tradition attribuée à Omar, le
second calife. Celui-ci, dit-on, affirmait que l'ordre
de lapider les « fornicateurs » était présent dans un
très ancien verset coranique dont on n'a pourtant
aucune trace. Une législation abusive a prospéré sur
cette source invérifiable. Par ailleurs, comment
empêcher le croyant indigné de châtier comme il
l'entend lorsque sont ouvertes toutes les vannes de
la violence légale ? La lapidation consiste à jeter des
pierres jusqu'à ce que mort s'ensuive. On peut s'instruire sur les modalités de cette affreuse agonie en
consultant les témoignages recueillis par le journaliste Freidoune Sahebjam[14]. Il s'agit d'une très
ancienne pratique des peuples moyen-orientaux. Elle
est souvent mentionnée dans la Bible. L'Islam en a
conservé la symbolique lors du pèlerinage de La
Mecque. L'une des principales étapes est la lapidation de trois stèles figurant Satan, dans le ravin de
Mina. L'excitation collective, la densité de la foule,
l'obligation pour chaque pèlerin de lancer ses pierres, qualifiées de « braises », contre les colonnes sata-
niques, font régulièrement tourner ce moment du
pèlerinage, comme bien d'autres, à la catastrophe :
nombreux blessés, et quelquefois des morts. Le jour-

naliste Slimane Zeghidour en a donné un saisissant compte rendu dans l'ouvrage qu'il a écrit à la suite de son propre pèlerinage, effectué en 1988 :

« "Allah Akbar, Allah Akbar !" entonnent les soldats de Dieu en lapidant rageusement l'éternel fauteur de troubles. Les "braises" heurtent l'obélisque, rebondissent et retombent sur les têtes des lapideurs. Un crâne chauve, touché de plein fouet par un projectile, saigne abondamment... Des asthmatiques, des infirmes, des femmes enceintes, des enfants et des vieillards hurlent de panique, pleurent et appellent à l'aide comme des naufragés. Des corps s'affalent et sombrent dans le tourbillon [15]... »

On reste rêveur devant ce défoulement de masse. Outre son caractère magique qui confine au paganisme – la colonne satanique, dans la haine qu'elle inspire, n'est-elle pas une idole à l'envers ? –, la lapidation rituelle de La Mecque prend un sens pénible en ces temps de montée de l'intolérance. On voit mal comment pareille démonstration peut faire bon ménage avec une vision sereine de la religion.

Il semble pourtant que les musulmans, dans leur grande majorité, répugnent à reconnaître les dangers de cette forme extrême de ferveur, tout comme à remettre en cause les terribles sanctions coraniques. Les rares qui s'y hasardent, dans le champ religieux, sont menacés de mort. Compte tenu du danger que court tout contestataire, on est bien loin de cet aggiornamento qu'a connu l'Église, de cette réforme de l'Islam qui serait sa seule chance de progrès.

Le Dr Haytham Manna, médecin syrien en exil

et fondateur du Comité pour les droits de l'homme dans son pays, veut pourtant espérer : « La tâche de tous les défenseurs de l'humanisme consiste à soutenir tout réformateur musulman qui considère la Déclaration universelle des droits de l'homme comme l'élément de base pour l'élaboration d'un nouveau code pénal dans le monde musulman [16]. » Jusqu'à ce grand saut nécessaire mais encore improbable, force est de conclure que l'Islam continuera à sécréter de l'obscurantisme. L'extrême ambiguïté du Coran, la facilité avec laquelle le « Livre » passe de la plus haute recommandation éthique à la plus navrante morale de geôlier justifient toutes les interprétations. Y compris celles des intégristes. Et pourtant il y a dans le Coran une foule de versets fustigeant l'extrémisme et l'intolérance, dont le célèbre « Point de contrainte en religion [17] ! » Mais, en même temps, et c'est le drame total de l'Islam, une autre foule de versets exalte la guerre sainte et attise la haine envers le non-musulman. Humains, trop humains, marqués du sceau de la double personnalité de Mahomet, le Coran et la Sunna, source complémentaire de la foi musulmane, peuvent ainsi se lire, selon les circonstances, comme des textes d'amour ou comme des textes de guerre. On sait quelle version l'intégrisme a choisie.

CHAPITRE II

Quelle est la véritable origine
de l'intégrisme ?

Le creuset égyptien

Les formes spectaculaires de l'intégrisme sont récentes : la révolution iranienne date de 1979, l'assassinat du président égyptien Anouar el-Sadate de 1981, l'apparition du Hezbollah (le parti d'Allah) au Liban de 1982, la montée en puissance du Front islamique du Salut en Algérie de 1989, les premiers attentats fomentés sur les rives du Nil contre des étrangers de 1992. Mais l'idéologie qui les porte a eu le temps de cheminer à travers le siècle. Elle est née officiellement en 1928, en Égypte, sous l'impulsion d'un petit instituteur, Hassan al-Banna. En fondant à Ismaïlia la confrérie des Frères musulmans, c'est lui qui va inscrire l'islamisme militant dans le champ politique contemporain.

Quel est le credo d'Hassan al-Banna ? On le trouve magistralement exprimé dans l'une des nombreuses lettres qu'il a laissées à l'intention de ses disciples :

« Orants la nuit, chevaliers le jour !

L'Islam est religion et État, Coran et glaive, culte et commandement, patrie et citoyenneté.

Dieu est notre but, le Prophète notre modèle, le Coran notre loi, le Djihad notre voie, le martyre notre vœu [1]. »

Cinquante ans séparent ce cri de ceux qui firent la popularité de l'Algérien Ali Belhadj, co-fondateur du FIS, dans sa mosquée de Bab-el-Oued. Mais il s'agit de la même clameur. Comment a-t-elle réussi à s'ériger en idéologie de masse, en Égypte d'abord, puis dans l'ensemble du monde musulman ?

L'originalité d'Hassan al-Banna est d'avoir sans aucune ambiguïté proclamé la fusion entre le religieux et le politique. Il s'agissait d'un débat très ancien en Islam mais réservé jusque-là aux philosophes et aux docteurs de la loi. Or l'objectif d'al-Banna est de construire un vaste mouvement populaire. L'époque, pour la première fois, se révèle propice. La société égyptienne est en plein bouleversement, à la croisée des chemins entre la tradition et la modernité. Toutes les idées s'y bousculent, tous les désirs s'y exaspèrent. La naissance de l'intégrisme moderne résulte donc de la rencontre d'un tempérament – celui d'un idéologue plus éloquent que les autres – et d'un moment politico-culturel d'une intensité exceptionnelle.

Le Caire, en ce premier quart du XXᵉ siècle, est en effet le théâtre d'une fantastique effervescence intellectuelle. La pénétration des idées européennes comme la prise de conscience de la supériorité technologique de l'Occident face à un monde musulman figé et colonisé provoquent des réactions ambiguës chez les penseurs égyptiens. L'idée d'une renaissance de la grandeur perdue de l'Islam se fait jour.

Le mouvement se scinde en deux courants. D'un côté, il y a les partisans d'une modernisation radicale, sur le modèle occidental, seule façon de restituer une dynamique à des sociétés bloquées. De l'autre, les tenants d'une réorganisation à la musulmane, avec le retour aux sources du Coran. D'un côté, Quasim Amin publie en 1899 un essai fracassant intitulé *Libération de la femme* où il s'attaque au voile, à la polygamie, à la répudiation. De l'autre, un auteur d'origine syrienne, Rachid Rida, plaide pour le retour à l'orthodoxie la plus stricte, selon les préceptes d'Ibn Taimiyya, un théologien du XIIIe siècle particulièrement obscurantiste. C'est sous la plume de Rachid Rida que surgit pour la première fois le terme d'État islamique dans un ouvrage intitulé *Le Califat et l'imamat suprême*. Nous sommes en 1923. Un an plus tard, sur les rives du Bosphore, Mustapha Kemal abolit le califat et construit – par la force, ne l'oublions pas – une Turquie laïque et moderne. En 1925, au Caire, le juge Ali Abdelrazik publie *Les Fondements du pouvoir en Islam* dans lequel il prône la séparation de la mosquée et de l'État. Il est immédiatement chassé de l'université religieuse Al-Azhar, fief du conservatisme, qui a vite oublié les enseignements d'un de ses doyens, le libéral Mohamed Abdu, mort en 1905. Bien que musulman fervent et anti-occidental, Abdu souhaitait un aménagement de la législation dans un sens plus proche, estimait-il, du message coranique initial.

Telle est l'époque où surgit la première organisation intégriste. Temps d'affrontement radical entre le présent et le passé, où l'on voit des féministes déchirer leur voile sur le quai de la gare du Caire comme des étudiants redécouvrir l'appel mystique au Djihad. Temps marqué à la fois par la contagion et le rejet de l'Occident. Temps singulièrement proche du nôtre. Les racines de ce qui déchire le monde musulman aujourd'hui sont là. Depuis, l'histoire n'a fait que reproduire à grande échelle ce laboratoire des passions religieuses et laïques que fut le Caire des années 20.

Pour asseoir la popularité de son mouvement, l'instituteur d'Ismaïlia va disposer de deux puissants facteurs. L'un est intérieur : c'est la colonisation britannique qui génère un vif sentiment de frustration et alimente la colère devant un « abaissement » de l'Islam. L'autre est extérieur : c'est l'immigration juive en Palestine. Un commando des Frères musulmans participe en 1936 à la grande révolte arabe en Palestine. Douze ans plus tard, 40 000 hommes combattent contre Israël au moment de la création de l'État juif en 1948. Un million d'Égyptiens sont membres de l'organisation. Ces militants ont une personnalité très différente des jeunes terroristes de la génération actuelle. Ils viennent de la petite bourgeoisie. L'une de leurs tâches essentielles est l'éducation. Ce sont eux qui vont propager en Égypte puis dans le reste du monde musulman les thèses des théologiens orthodoxes sur lesquelles Hassan al-Banna s'appuie pour réclamer le retour à un ordre exclusivement islamique.

Cette force de frappe considérable ne prône pas encore une révolution totale. La lutte pour l'indépendance de l'Égypte constitue un Djihad suffisant. Comme l'explique le chercheur Olivier Carré dans un essai abondamment documenté[2] : « On ne connaît pas d'appel d'al-Banna à un Djihad intérieur contre des gouvernants impies. Cette interprétation insurrectionnelle, révolutionnaire et terroriste du Djihad sera le fait d'une autre tendance à la fin des années 60. »

Pourtant, le succès des Frères musulmans commence à inquiéter sérieusement la classe politique. Ils sont interdits une première fois en 1948 et réagissent en assassinant le Premier ministre. L'année suivante, les services secrets du roi Farouk abattent Hassan al-Banna. Il devient ainsi le premier martyr du mouvement intégriste. Cependant, dans l'euphorie de l'indépendance toute neuve de l'Égypte pour laquelle ils ont combattu avec ardeur, l'organisation est à nouveau légalisée. Nasser flatte les Frères, impressionné par leur faculté de mobilisation. En réponse, ils appuient son coup d'État : « Les deux premières années du régime nassérien doivent leur succès à la base populaire des Frères musulmans », écrit Olivier Carré. Mais l'idylle va tourner court. Ayant assis son pouvoir, Nasser se retourne contre ces alliés encombrants. La dissolution du mouvement est prononcée en octobre 1954. Les Frères entrent dans la clandestinité. C'est le grand tournant.

Une répression qui sert ses victimes

Rien n'est plus illusoire que l'efficacité d'une stratégie répressive, spécialement quand elle vise un mouvement déjà bien ancré au sein de la population et jouissant d'une légitimation religieuse dans des pays profondément religieux. La règle, dans tous les régimes, est qu'une telle stratégie s'appuie sur une analyse à court terme de la situation. Non seulement elle sous-estime la force réelle de l'adversaire mais encore elle mise sur une sorte d'éternité du moment politique où on la décrète. Elle suppose que l'histoire du pays, et de la région, est figée à jamais. Que les choses resteront en l'état, et les gouvernants de l'époque en leur État qui durera – pourquoi pas ? – mille ans. On sait que la notion d'alternance du pouvoir est récente et occidentale. Elle seule, en ouvrant l'accès au changement légal, peut permettre à un pays, non de prévoir l'histoire, mais d'en apprivoiser les turbulences inévitables. Rien de cela en Orient où les leaders révolutionnaires ont pris tout naturellement la place, les manières et la psychologie des monarques d'hier. Liquider les gêneurs relève du réflexe. Les conséquences futures ? Mais il n'y a pas de futur, seulement un présent pour toujours. En ce qui concerne l'intégrisme, il faut bien noter que, pour le moment, la seule répression qui ait semblé lui casser les reins fut celle d'Hafez el-Assad en Syrie, en février 1982 : 25 000 morts dans la ville de Hama, totalement rasée.

Nasser a scrupuleusement appliqué cette règle de la solution à court terme – c'est-à-dire de l'impasse à long terme – dans ses relations avec les Frères musulmans. C'est lui, par la violence de sa répression, qui porte devant l'histoire la responsabilité de leur radicalisation dans cette Égypte, berceau d'une idéologie avec laquelle, dix-sept ans après, Sadate voudra composer, mais bien trop tard puisqu'il en sera lui-même la victime.

Accusant les Frères musulmans de complot contre sa personne, le Raïs se lance dans une vaste politique d'éradication. Six dirigeants sont exécutés. Le « Guide suprême », successeur d'al-Banna, Hassan al-Hudaybi, est condamné à la prison à perpétuité. 70 000 militants s'entassent dans les geôles égyptiennes. L'un d'entre eux, Sayyid Qutb, va devenir le maître à penser de l'idéologie des Frères musulmans deuxième manière : celle de la violence et du terrorisme. C'est en prison qu'elle se forge, nourrie par la haine qu'il voue au régime. Expérience initiatique et fondatrice qui inspirera tous les mouvements intégristes par la suite. « C'est dans les camps de concentration nassériens, figures du pouvoir despotique d'un Pharaon, qu'a été élaboré par Sayyid Qutb le renouveau de la pensée islamiste dont les mouvements contemporains sont pour la plupart les héritiers[3] », écrit Gilles Kepel.

Sayyid Qutb est un intellectuel membre de la direction des Frères musulmans. Il a voyagé pendant plusieurs années aux États-Unis dont il est revenu plus convaincu que jamais de la supériorité éthique de l'Islam. Dans ses écrits, il fustige « cette liberté bestiale qu'on nomme la mixité, ce marché d'esclaves nommé émancipation de la femme ! ». Condamné aux travaux forcés en 1955, il cisèle dans sa cellule les formules qui enflammeront deux générations d'islamistes :

« La révolution totale contre la souveraineté des créatures humaines dans toutes ses formes et en toute institution, la rébellion totale en tout lieu de notre terre, la chasse aux usurpateurs qui dirigent les hommes par des lois venues d'eux-mêmes, cela signifie la destruction du royaume de l'homme au profit du royaume de Dieu sur la terre[4]... »

L'ère de la destruction est donc venue. C'est un pas considérable franchi depuis Hassan al-Banna, apôtre d'une réislamisation radicale de la société musulmane, mais non du monde. Qutb adopte, lui, un langage de guerre totale dont il est douteux qu'elle épargne les nations non musulmanes. C'est bel et bien toute la planète, accusée d'impiété, que ce scribe au langage volcanique voue au Djihad :

« La société de l'ignorance anté-islamique, c'est toute société autre que la société islamique... les sociétés communistes, les sociétés polythéistes comme en Inde, au Japon, aux Philippines, en Afrique, les sociétés juives et chrétiennes de par le monde... Entrent aussi dans cette catégorie les sociétés qui prétendent être musulmanes [alors que] elles laissent exercer la souveraineté par un autre que Dieu... »

Il ne faut donc pas s'étonner de l'extension actuelle de l'intégrisme à des terres très éloignées (Malaisie, Philippines) de son lieu de naissance et qu'on croyait protégées, comme l'Indonésie, par leur tradition d'« Islam tranquille » ou d'« Islam des confréries », comme le Sénégal et d'autres pays d'Afrique noire. Ni de sa propagation au sein des minorités musulmanes vivant en Occident. À partir du moment où se sont répandues les idées de Sayyid Qutb, via les Frères musulmans missionnaires, chaque lieu de la terre accédait à l'éventualité, la nécessité et la grandeur de la guerre sainte.

Sayyid Qutb est pendu sur ordre de Nasser en août 1966. Il devient le second martyr de l'épopée islamiste. Les textes relatant son procès et sa fin – exemplaire, dit-on, de courage et de sérénité – voyagent jusqu'en Iran où un certain Khomeiny dirige la section persane des Frères musulmans. Les écrits de Qutb, comme ceux d'Hassan al-Banna, sont commentés avec ardeur et vénération. L'Égypte avait d'abord fourni un cadre, un terrain de réflexion et d'action à l'islamisme naissant. Elle vient maintenant de donner un mythe à l'intégrisme international.

En 1967 survient le plus grand traumatisme que l'Égypte ait connu depuis des décennies : la défaite infligée par Israël lors de la guerre des Six Jours. Son onde de choc va se répercuter dans l'ensemble du monde arabe. Les conséquences de cette humiliation sur la psychologie des masses musulmanes ne peuvent se comparer qu'à celles de la guerre du Golfe en janvier 1991 et de la riposte américaine sur le sol afghan après les attentats du 11 septembre 2001. Dans les trois cas, la situation est interprétée comme odieuse et tragique pour la fierté de l'Islam. Bien que, lors de la guerre du Golfe, les États arabes devenus alliés des États-Unis aient combattu Saddam Hussein, la réaction spontanée des peuples a été radicalement différente de la politique prônée par leurs dirigeants. Elle a pris les mêmes caractéristiques qu'au lendemain de la guerre des Six Jours. Exigence de revanche, exacerbation de l'identité islamique, haine du vainqueur : le sionisme en 1967, l'Occident en 1991, le sionisme et l'Occident en 2001 et les pouvoirs arabes « traîtres » qui l'ont appuyé. Dans les trois cas, ces circonstances créent un terrain favorable à l'expansion de l'intégrisme. À plusieurs décennies de distance, les islamistes proposent et propagent la même lecture de ces événements : il s'agit d'un terrible avertissement de Dieu aux musulmans, coupables d'impiété en s'étant écartés de ses enseignements. Seuls le retour au Coran et l'application stricte de la Charia, la loi islamique, leur rendront la paix de l'âme et la victoire des armes dans le Djihad contre l'ennemi.

En 1968, les Frères musulmans manifestent avec fracas en Égypte. Malgré le nombre impressionnant de militants qui croupissent en prison, le régime n'a pu en effet empêcher la propagation de leurs thèses, de l'autre côté des barreaux, vers leurs amis, parents, disciples traumatisés par cette répression. Là encore, une comparaison s'impose avec les années 90 et l'accroissement constant, en Algérie, des activistes du FIS après l'interruption du processus électoral en janvier 1992, l'internement des islamistes dans des camps du Sahara, puis les vastes opérations d'« éradication » menées par l'armée.

La mort de Nasser en 1970 amplifie encore le désarroi du peuple égyptien et favorise son retour à la religion, valeur refuge. Lors de son accession au pouvoir, Anouar el-Sadate se fait l'écho de ce mouvement de fond. Il ouvre les prisons et légalise l'organisation des Frères musulmans. Cette décision est surtout dictée par la volonté d'éliminer toute trace de la doctrine nassérienne. Sadate veut modifier du tout au tout la politique intérieure et extérieure de son pays. Il entend liquider le dogme socialiste en pratiquant une ouverture économique et substituer à l'influence de Moscou celle de Washington.

Les Frères sortent enfin de l'opprobre auquel ils étaient voués depuis 1954. Leurs journaux, leurs associations ont désormais pignon sur rue. Investissant les institutions, les syndicats professionnels, les universités et, bien sûr, les mosquées, ils ont leur mot à dire sur le fonctionnement de la société. Les voilà donc à la lumière. Aura-t-elle raison de la violence ? L'intégration du phénomène islamiste à la vie publique va-t-elle le normaliser ?

Non. Le mouvement se scinde en deux branches. Les Frères officiels jouent à fond la carte de la modération, couverture idéale pour des groupes issus de leur mouvance mais ultra-radicaux. Pourquoi ceux-ci choisissent-ils de perpétuer la violence ? Pourquoi l'appareil des Frères leur facilite-t-il la tâche en sous-main, sans participation directe mais avec une discrète sympathie ? Parce que la traversée du tunnel a été trop sombre et trop longue. L'opération de charme de Sadate est venue trop tard. Dans les geôles de Nasser et autour de ses gibets, la haine a eu le temps de mûrir, l'idéologie de se structurer, loin de tout compromis légaliste, sur la base d'un refus autant politique qu'existentiel. Ce voyage intérieur est sans retour.

L'Égypte des années 70 vivra donc sous le règne du faux-semblant. Les Frères musulmans jouent à fond la carte de l'honorabilité mais ils restent des rebelles dans le secret de leur cœur et de leurs manigances. Les groupes durs prolifèrent. Cela permet d'accréditer la thèse des « bons » et des « mauvais » islamistes. La liberté de parole consentie par Sadate aux « bons » prépare le terrain à l'activisme des « mauvais ». La propagande des Frères réislamise en profondeur la société égyptienne. Les couches les plus pauvres sont travaillées par ce rêve de justice dont on leur répète qu'il prendra corps avec l'avènement d'un État réellement islamique. L'université, partout matrice des rébellions, regorge de jusqu'au-boutistes.

Les Frères peaufinent leur double discours comme le montre Olivier Carré en analysant l'ensemble de leurs communiqués : « Ils reprochent de manière précise la répression policière contre les émules de Sayyid Qutb, mais ils désavouent nettement l'attentat manqué contre Sadate en 1974 par le groupe Tahrir (Libération islamique), la prise d'otages suivie de meurtre d'un ancien ministre en 1977 par le groupe Takfir (Anathème), l'assassinat de Sadate et l'insurrection d'Assiout en 1981. Au même moment, ils saluent chaleureusement les "martyrs" afghans ou syriens et l'insurrection permanente de la ville de Hama, en Syrie, en 1980-1982 [5]. »

L'inquiétante montée de la violence, spécialement en Haute Égypte, province où le terrorisme se greffe sur une tradition locale de vendetta, pousse Sadate à la répression, y compris contre les Frères, en septembre 1981. En octobre, il est assassiné. Milliers d'arrestations. Après ce haut fait de l'intégrisme, on ne doute pas que Moubarak, le nouveau Raïs, se donnera les moyens d'écraser définitivement ceux qui prônent le Djihad à voix haute comme ceux qui le justifient tout bas.

Eh bien non. Moubarak, comme Sadate, est le fils d'une Égypte réislamisée. Il ne peut aller contre l'époque. Le nassérisme pseudo-laïque (pseudo, car Nasser, lors d'un pèlerinage à La Mecque, se déclara fasciné devant cette possibilité de fusion idéologique des masses) est bien mort. Tout en châtiant les groupes intégristes guerriers, il permet aux Frères de se reconstituer. Il ne s'agit toutefois pas d'une légalisation mais d'une tolérance. Que pouvait faire d'autre le président égyptien ? Il était avant tout soucieux de restaurer la paix civile. Mais pourquoi a-t-il fallu que

Moubarak apporte son concours et celui de toutes les autorités à la validation d'un Islam de plus en plus rétrograde ? Voulait-il contrer les Frères sur leur propre terrain ? Surenchérir dans la religiosité pour restaurer aux yeux du peuple l'image islamique de l'État ? La suite des événements prouvera que même cette tactique ultime sera incapable de freiner la progression de l'intégrisme. Pis, elle l'encouragera.

L'Islam d'État, alibi des régimes en danger

En juillet 1992, me recevant dans son bureau de l'université religieuse Al-Azhar, au Caire, le vice-recteur de cette institution, le Dr Abdelfatah[6], marqua le plus vif étonnement en apprenant – en réponse à une de ses questions sur la notion de « blasphème » – qu'il n'était pas question, en France, que l'État sanctionne une interprétation, disons « déviante », du dogme catholique. Outre l'ignorance dont témoignait mon interlocuteur – théoriquement l'un des hommes les plus instruits d'Égypte – sur notre célèbre séparation de l'Église et de l'État, cette stupeur en disait long sur l'état d'esprit des autorités religieuses, onze ans après l'accession au pouvoir d'Hosni Moubarak.

L'objet de notre entretien était la condamnation morale par l'université Al-Azhar de l'intellectuel Farag Foda. Ce laïc avait été accusé de « blasphémer » par le cheikh Gad-Ul-Haq, alors doyen de l'université. Quelques semaines plus tard, Foda était assassiné par un groupe intégriste en guise de sanction de cette faute. Mon but, en me rendant à Al-Azhar, la plus prestigieuse université non seulement d'Égypte mais de tout l'Islam sunnite, était de demander à ses représentants s'ils ne ressentaient pas un certain malaise à la suite de cet événement. N'avaient-ils pas été un peu trop loin ? Le lien évident entre la condamnation et le meurtre ne les traumatisait-il pas légèrement ?

Or j'ai trouvé des dignitaires sereins. La sérénité, après tout, est l'apanage des hommes de Dieu. Sauf quand elle s'accommode du sang versé. Le Dr Abdelfatah était, bien sûr, navré que Farag Foda ne soit plus de ce monde. Mais il ne trouvait rien à redire à l'accusation de blasphème lancée par le bon Gad-Ul-Haq, son supérieur hiérarchique. Même, il l'argumentait, la développait comme si le cadavre de Foda méritait encore l'anathème. Nous nous sommes quittés tous deux dubitatifs. Le vice-recteur sur les curieuses valeurs de cette France où nul n'était censé sévir au nom de Dieu, moi sur la modernité d'une Égypte dont le président tolérait l'intolérance des plus hautes instances religieuses, dans ce cas : les appels déguisés au meurtre.

Naturellement, les autorités d'Al-Azhar n'avaient pas trempé dans l'assassinat de Farag Foda. Mais la publicité donnée à la condamnation de l'intellectuel n'avait pas eu de mal à enflammer l'esprit malade des militants en armes, les « Gamaat Islamiya ». Quelle meilleure incitation à sanctionner un homme que la dénonciation de son impiété par le grand cheikh d'Al-Azhar ?

Ce drame illustrait la toute-puissance d'un appareil religieux archaïque dont les avis, hautement respectés par le régime, ouvraient paradoxalement la voie aux manifestations les plus violentes des pires ennemis du régime : les intégristes.

C'est que l'Islam égyptien s'était durci. Depuis dix ans, Moubarak avait soutenu et encore accentué la réislamisation de la société entamée avec le concours de l'État sous le règne de Sadate. Des romans de Naguib Mahfouz, prix Nobel de littérature, étaient interdits. Toute œuvre publiée en Égypte devait au préalable être approuvée par le comité de censure des clercs d'Al-Azhar, chargés d'apprécier si elle était « coraniquement correcte ». Leurs diktats tournaient souvent au grotesque : même les *Mille et Une Nuits*, cette œuvre immortelle de la littérature arabe, avaient été interdites au Caire ! Des prêcheurs obscurantistes officiaient chaque jour à la télévision égyptienne, n'hésitant pas à distiller une idéologie antichrétienne qui visait les coptes, ces chrétiens qui représentent 15 % de la population du pays. Le drame de cette minorité était plus aigu d'année en année. Cible privilégiée des intégristes musulmans, ils n'étaient pas non plus épargnés par le pouvoir : « Depuis 1972, on a régulièrement brûlé des églises, volé, insulté et tué des chrétiens », rappelle Jean-Pierre Péroncel-Hugoz qui fut le correspondant du *Monde* au Caire et le premier journaliste à dénoncer courageusement cette tragédie, « Sadate jeta en prison des prêtres et des évêques, et jusqu'au pape et patriarche, Chenouda III[7] ! »

L'Islam d'État, dans son discours, se rapprochait donc singulièrement de l'Islam rebelle. Faut-il en conclure que Moubarak était un bigot ? Pas du tout. Hanté par le cauchemar de l'ennemi intérieur, il espérait tout simplement lui couper l'herbe sous le pied en se présentant comme le premier musulman du pays. Il donnait des gages de piété en renforçant l'autorité des religieux. L'orientation du régime venait encore fortifier l'ancrage des Égyptiens dans un Islam rétrograde. Les docteurs d'Al-Azhar, les prêcheurs officiels de la télévision et les milliers d'imams en fonction dans les mosquées se référaient aux mêmes sources religieuses que les intégristes : les textes de ce fameux Ibn Taimiyya du XIIIe siècle qui avait contribué à bétonner la fermeture idéologique de l'Islam.

Les Frères musulmans pouvaient secrètement pavoiser : au fond, ils avaient déjà gagné. La première phase de la marche vers l'État islamique était pratiquement achevée : le peuple égyptien dans son ensemble, en dehors d'une mince et courageuse communauté d'intellectuels, était devenu d'un tâtillon et d'une susceptibilité exemplaires en ce qui concernait la religion. La scrupuleuse observance de l'Islam inspirait ses réflexes les plus instinctifs.

Cette nouvelle donne idéologique était loin de protéger Moubarak, comme il l'espérait si ardemment. Elle contribuait au contraire à la déstabilisation du régime, accusé de n'être jamais assez islamiste.

Ailleurs dans le monde musulman se reproduisait le même scénario placé sous le signe de la cécité des gouvernants. L'exemple le plus typique en est l'Algérie. Là aussi, le pouvoir FLN faisait assaut de religiosité et installait un Islam d'État destiné à lui servir d'alibi. Dès 1984, bien avant la naissance du Front islamique du Salut – alors que les premiers maquis intégristes avaient déjà fait parler d'eux –, c'est le FLN qui institue le « Code de la famille ». Un code que les féministes algériennes surnommeront le « Code de l'infamie ». Et pour cause : il fait de la femme une mineure à vie en s'inspirant directement de la loi islamique. Impossible de quitter le pays sans l'autorisation du tuteur légal, père, mari ou frère. Le Code légifère sur tout, y compris sur l'obligation d'allaitement ! Il établit même une régression par rapport au Coran : en cas de répudiation, c'est le mari qui conserve le domicile familial. Ce qui a pour effet de jeter des milliers de femmes et d'enfants à la rue, sans protection.

« L'application des codes islamiques offre un substitut d'idéologie légitimatrice créant, par le contrôle des comportements d'observance, des réflexes d'obéissance au pouvoir dépassant largement le cadre du religieux[8] », explique Rémy Leveau. On peut ainsi affirmer que les pouvoirs les plus menacés par les intégristes étaient déjà islamistes. Ils ont déroulé le tapis rouge devant ceux qui jurent aujourd'hui leur fin. Ils ont pris le pire de l'Islam – ou son interprétation la plus obscurantiste si l'on veut rester optimiste – sans mettre en œuvre le meilleur : la justice sociale, l'abolition des privilèges. Au lieu de préparer cette séparation du religieux et du politique qui est la première condition de la tolérance, ils ont au contraire favorisé son amalgame dans l'esprit des peuples. La notion de laïcité, si présente dans le débat d'idées en Égypte au début du siècle, s'est trouvée exclue, frappée d'anathème, identifiée comme produit impie de l'Occident. Peut-on s'étonner que cette juxtaposition de l'obscurantisme officiel, de la tragédie économique et de la morgue despotique des régimes ait débouché sur les guérillas que nous connaissons ?

Enfin – et il faut revenir ici à l'Égypte –, la bienveillance avec laquelle on a laissé se diffuser les thèses réactionnaires dans les universités et les mosquées a permis aux Frères et à leurs adeptes de les diffuser partout dans le monde musulman.

L'exportation de la doctrine

Dès la création de leur organisation, les Frères se donnent comme mission la « Dawa », la prédication. Elle est à usage national et international. Des responsables chargés de faire voyager leurs idées sont nommés, avec une affectation pour chaque pays. Ceci va de la Syrie, où une section des Frères musulmans se crée en 1935, à l'Inde où le grand penseur Maududi lance la sienne en 1941, en passant bien entendu par les pays du Maghreb. Les islamistes égyptiens vont bénéficier du prestige particulier de leur terre natale dans les communautés du monde entier. Car si l'intégrisme était né ailleurs qu'en Égypte, il est probable qu'il se serait propagé beaucoup moins facilement.

Qu'est-ce que l'Égypte pour un croyant ? D'abord une terre d'immense culture religieuse. Là où l'on parle l'arabe le plus pur, celui du Coran. La patrie de cette véritable Sorbonne religieuse de l'Islam qu'est l'université Al-Azhar. Si la doxa islamique a un fief incontesté, c'est bien là. Lorsque, à l'occasion du Ramadan, on doit faire appel à des spécialistes chargés de psalmodier le Coran selon le rituel séculaire, ce sont des Égyptiens qu'on invite. Plus généralement, toute université musulmane, tout centre d'études religieuses se doit, pour le prestige, de compter des Égyptiens dans l'effectif enseignant. Là où il n'existe aucune université de renom – comme en Algérie, paradoxalement désert culturel sur le plan de la connaissance religieuse –, ce sont encore des Égyptiens qui viennent pallier cette carence.

Imaginons un instant ce qui se serait passé si les différents gouvernements égyptiens avaient favorisé l'essor d'un grand mouvement réformateur, basé sur la relecture du Coran et son adaptation au monde moderne : c'est tout le visage de l'Islam sunnite (le chiisme iranien relève d'une autre histoire, nous y viendrons) qui en aurait été bouleversé. Les enseignants, forts de leur prestige, auraient semé, partout, le grain fécond de l'esprit critique. La foi et la raison se seraient alliées pour vaincre l'obscurantisme des traditions locales. Les oppositions politiques auraient pu se structurer à la lumière de cette renaissance et non sous le signe de la nuit intégriste. Les femmes – dont la mise à l'écart de la vie publique fut un des principaux facteurs de la décadence de la civilisation arabo-musulmane – auraient pu apporter leur pierre à cette marche vers la modernité. Les pays d'Islam auraient été le théâtre d'une formidable expérience capable de faire d'eux des partenaires de l'Occident. Oui, tout cela aurait été possible si les professeurs de religion égyptiens avaient véhiculé une autre idéologie.

Mais cessons de rêver. Une fois les facultés et les mosquées d'Égypte sous le contrôle des « bons » islamistes, la doctrine va se répandre hors des frontières comme une traînée de poudre. L'obscurantisme est par ailleurs véhiculé également par les religieux d'Arabie Saoudite avec lesquels les Frères musulmans, jusqu'à la guerre du Golfe, s'accordent parfaitement. D'autant plus que l'Arabie Saoudite, où règne le Wahhabisme, épouvantable version d'un Islam uniquement répressif, est le bailleur de fonds des Frères.

Le prêchi-prêcha réislamisant s'installe donc dans les facultés du Moyen-Orient et du Maghreb, d'Afrique et d'Extrême-Orient. C'est à Damas que le futur leader des intégristes tunisiens, Rached Ghannouchi, rencontre l'idéologie des Frères et s'y rallie. En Algérie, l'enseignement est laissé à la seule responsabilité des invités égyptiens. En Tunisie, où Bourguiba, seul

de tous les chefs d'État arabes, a pris la décision d'interdire la polygamie, de libérer la femme et de ne
plus rendre obligatoire le jeûne du Ramadan, ils ont
plus de mal à opérer. Et puis la Tunisie a sa tradition
et ses maîtres : ceux de la Zitouna, la grande université religieuse locale. Au Maroc, le roi, Commandeur
des Croyants, veille au grain. La présence, là aussi,
d'un autre centre religieux important, la Kha-
raouine, limite l'action des clercs du Caire. Partout
ailleurs, leur influence est sans limites. De plus, Le
Caire ne va pas seulement vers le monde musulman,
le monde musulman va aussi à lui. À partir des
années 70 vont se multiplier un peu partout, notamment au Maghreb, les instituts d'études islamiques.
Pour former les maîtres de cette nouvelle discipline,
on envoie des étudiants en Égypte. Ils y embrassent
naturellement l'idéologie islamiste. De ce permanent
chassé-croisé naît une imprégnation indélébile. Un
islamiste soudanais, Zakaria Bashier, salue en ces termes l'apport des Frères égyptiens au mouvement
islamiste mondial : « Les mouvements islamistes du
monde arabe doivent beaucoup aux Frères musulmans égyptiens. Au fil des ans, ces mouvements ont
pris une personnalité, usé de méthodes et adopté des
stratégies que leur père spirituel ne reconnaît pas
toujours comme siennes. Mais ils lui vouent toujours une immense reconnaissance pour avoir permis
leur naissance, d'abord, et bien au-delà [9]. » Les Frères
soudanais se sont créés en 1946. Légalisés en 1953,
ils ont accédé au pouvoir en 1989. Le Soudan devint
alors jusqu'en 2000, avec l'Iran, le centre de rayon-

nement de l'intégrisme mondial. En 1995, tous les dirigeants islamistes, clandestins compris, s'étaient retrouvés lors d'une conférence organisée en grande pompe à Khartoum. Ce fut au Soudan qu'Oussama Ben Laden, le milliardaire terroriste, le chef de l'organisation Al-Qaida put héberger les premiers camps d'entraînement pour ses troupes du Djihad international.

Il faut ensuite ajouter, au chapitre de l'internationalisation de l'islamisme, l'Arabie Saoudite. État intégriste depuis 1932, du reste aujourd'hui menacé par des ultra-intégristes, l'Arabie fonde la Ligue islamique et finance tous les projets d'éducation et de propagande des Frères dans le monde. C'est par Djeddah que vont passer les Algériens Ali Belhadj et Abassi Madani, les leaders du FIS. C'est là qu'est né et a été formé Ben Laden.

On n'insistera jamais assez, pour finir, sur l'incandescence de l'exemple iranien. À partir de 1979, l'État islamique n'est plus seulement une utopie mais une réalité. Téhéran devient aux islamistes ce que Moscou fut aux communistes, la notion d'empire mise à part : la capitale du dogme, le laboratoire de la pratique révolutionnaire coranique. Cet événement jette à bas l'une des dernières barrières qui freinait encore la progression de l'islamisme : la division millénaire de l'Islam, depuis l'an 657 (vingt-cinq ans après la mort de Mahomet) entre sunnites et chiites. Désormais, pour les intégristes, il n'y a plus qu'un seul Islam, celui du combat à mort contre toutes les formes d'impiété.

La contagion de l'Iran

La section persane des Frères musulmans se crée à Téhéran en 1943 sous le nom de « Fedayan-e-Islam ». « Khomeiny était l'un de ses dirigeants lorsqu'en 1963 les intégristes iraniens s'attaquèrent pour la première fois au régime impérial [10] », rappelle Jean-Pierre Péroncel-Hugoz à ceux qui seraient tentés d'oublier l'extraordinaire faculté migratrice des idées islamistes. Néanmoins, il serait faux d'attribuer le succès de la révolution iranienne à cette seule filiation. Il s'agit d'un phénomène à part. Les mouvements intégristes, malgré leurs prétentions, ne peuvent pas en transposer le modèle et la stratégie pour triompher dans le reste du monde. La révolution iranienne repose, d'abord, sur la spécificité religieuse du chiisme, ensuite sur les conditions insurrectionnelles créées par le régime du Shah. D'autres régimes, dans le monde musulman, pourraient être menacés à long terme par la colère des masses. Aucun ne pourrait avoir en face de lui un adversaire aussi structuré et aussi efficace que le clergé iranien. Si les guérillas piétinent, même en faisant un maximum de victimes, c'est qu'elles ne disposent d'aucune cohérence d'appareil. Leurs relais dans la population se créent dans la plus grande anarchie. Saïd Sadi, leader du Mouvement pour la République, organisation algérienne opposée à l'intégrisme, se fondait sur le caractère chaotique de l'islamisme algérien pour prédire sa défaite : « L'Algérie ne dispose pas comme l'Iran d'un réseau serré de religieux présents partout dans le pays, d'un maillage de mollahs contribuant à l'unité et à la structuration du mouvement [11]. »

Le chiisme, en effet, est radicalement différent du sunnisme. Il surgit en 657 de l'affrontement entre les partisans de la tradition (la Sunna), qui veulent que le successeur du Prophète soit choisi par la communauté, et les partisans d'un successeur choisi parmi les descendants du Prophète. À l'époque, c'est Ali, cousin et gendre de Mahomet, qui incarne les espérances des légitimistes. Vaincus en 657 par l'armée de Mo'awiya (qui fondera la dynastie omeyyade), ils créent le Shiat Ali, le parti d'Ali. Il donnera son nom au chiisme. Ce second Islam va vivre une histoire douloureuse, hantée par le massacre de la bataille de Kerbala en 680 où est assassiné Hussein, fils d'Ali et petit-fils de Mahomet. Les imams ou guides qui vont alors se succéder seront tous descendants du Prophète. Ils mourront empoisonnés, affirme la tradition, jusqu'au douzième Imam, « Al-Mahdi », qui, lui, « disparaît » encore enfant en 874. C'est ici qu'intervient le mysticisme propre au chiisme. Le douzième Imam serait en effet toujours vivant mais caché. Il se montrera à nouveau quand les temps seront venus du triomphe de la vérité. Le chiisme est donc d'une certaine façon un messianisme. L'avenir est ouvert à une révélation supplémentaire et non clos, comme dans le sunnisme, par la prophétie de Mahomet. Cependant, l'invisibilité de l'Imam caché doit être compensée par l'action des sages chargés de guider la communauté. D'où le développement d'un corps de mollahs, de savants religieux, qui ne se confondent pas avec le pouvoir politique. Ils l'inspirent parfois mais, souvent aussi, s'en distancient.

L'Iran se convertit massivement au chiisme au XVIᵉ siècle avec l'avènement de la dynastie safavide. L'histoire locale tente de relier avec éclat les Iraniens à la filiation de Mahomet en attribuant une mère persane à l'un des douze imams des origines. De siècle en siècle, le clergé iranien va fortifier son image et sa capacité de référence aux yeux du peuple. Un rôle déterminant que Yann Richard, auteur de nombreuses études sur l'Islam chiite et l'Iran, analyse en ces termes : « Une des conséquences de l'émergence du clergé comme corps social distinct est d'en faire le cadre idéal d'une contre-société [12]. »

Cette caractéristique s'affirmera de plus en plus à travers les âges. Elle va encore s'amplifier sous la dynastie Pahlavi, constituant ainsi un réservoir inépuisable de contestation : « Le clergé était resté à distance de la société impériale. Il avait une prise directe sur le peuple, une organisation souple et une grande indépendance idéologique vis-à-vis des institutions modernes [13]. »

À l'heure où se creusaient de façon vertigineuse les disparités économiques, où la répression du Shah jetait dans la révolte tant la petite bourgeoisie que les intellectuels et le prolétariat urbain, la révolution en gestation disposait donc de relais tout trouvés pour encadrer la population et la guider vers le grand soir. Le charisme de Khomeiny réveillait en outre les ardeurs extatiques du chiisme. C'est lors des manifestations traditionnelles de deuil (l'« Achoura ») commémorant la bataille de Kerbala – douleur séculaire que les chiites revivent dans le sang et les larmes chaque année – que Khomeiny, en 1963, fut arrêté par le Shah pour avoir conduit une révolte étudiante. Dès lors commence pour les Iraniens l'identification de celui qui deviendra le « Guide de la Révolution » avec le personnage de l'Imam caché et rédempteur. L'Iran n'a pu tomber comme un fruit mûr que par la conjonction d'une révolte sociale, d'une attente quasi messianique et d'une couverture intégrale du pays par les mollahs, présents dans chaque quartier, chaque village par le biais d'une multitude d'associations et de confréries, avec l'appui de toutes les forces intellectuelles et politiques. Les règlements de comptes qui suivront la révolution prouveront que les religieux entendaient gouverner seuls. On bute ici sur l'un des paradoxes de la révolution iranienne. Ce sont la structure et le souffle particuliers du chiisme qui l'ont amenée à la victoire. Mais, une fois aux affaires, les ayatollahs triomphants se mettent à incarner précisément ce dont le chiisme s'était toujours méfié : le pouvoir temporel. C'est ce qui explique pourquoi, à l'heure actuelle, le clergé de base commence à manifester des réticences vis-à-vis du pouvoir central. Il n'est donc pas impossible que le ferment contestataire inhérent au chiisme finisse un jour par menacer les maîtres de Téhéran si les conditions sociales et le harcèlement des citoyens continuaient à s'aggraver. D'où la mise en œuvre par les ayatollahs d'une politique du symbole : affaire Rushdie, campagne d'assainissement des mœurs, volonté de leadership dans la guerre dialectique à l'Occident. Tout fut bon pour tenter de détourner le peuple d'une réalité sinistre. Désespérés par près de vingt ans de dictature religieuse – l'espace d'une génération – les Iraniens se donnèrent une nouvelle chance en élisant en 1997 un président réformateur, Mohamed Khatami. Réélu en 2001, il reste pourtant l'otage du « Guide de la Révolution », véritable maître du pouvoir.

En sa genèse comme en son accomplissement, la révolution iranienne fut donc unique. Ce qui ne l'empêcha pas de rayonner sur l'ensemble du monde musulman. Pourtant, le sunnite moyen ne connaît pas grand-chose au chiisme. Les arcanes mystiques de l'Imam caché lui sont parfaitement impénétrables. Il réprouve même avec dégoût les manifestations de deuil sacré, lorsque revient chaque année le temps de célébrer les martyrs de Kerbala, dans les communautés chiites du monde sunnite (Liban, Pakistan, Afghanistan, Irak où 60 % de la population est chiite). Que signifient ces flagellants couverts de sang, ces lamentations funèbres, ces larmes ostentatoires ? Spontanément, le sunnite y perçoit un mystère qu'il n'a guère envie d'élucider mais plutôt d'écraser. En Arabie Saoudite, les Wahhabites ont détruit les mausolées du cimetière de Baqui, à Médine, qui abritaient les restes des imams chiites.

Pis : ils ont sommé les chiites saoudiens de jeter eux-mêmes à bas les tombes de ceux qu'ils adoraient.

Et, cependant, l'aura de la révolution a triomphé de cette indifférence hostile, sauf évidemment aux yeux de la dynastie saoudienne devenue son ennemie mortelle. L'intégrisme mondial n'aurait pu se développer à une telle vitesse depuis 1979 sans le syndrome de Téhéran. C'est lui qui a galvanisé les espérances des islamistes, donné un corps à l'utopie et, du vivant de Khomeiny, un visage au « Guide suprême ». L'impact symbolique fut immense. Il a pesé de tout son poids sur les pratiques et la psychologie des intégristes. C'est la fascination chiite du martyre, son apologie par Téhéran, qui ont conduit aux premières actions suicides au Liban, en Palestine, en Algérie. La révolution iranienne et chiite a tout à la fois revivifié l'intégrisme et définitivement ancré ses militants dans ce désir de mort – donnée et reçue – qui ensanglante la planète.

Lorsque l'Iran, en 2001, se dissociera officiellement de cette forme de Djihad et condamnera les attentats suicides de Manhattan et Washington, l'épidémie de terrorisme sacrificiel que Téhéran avait naguère inspirée sera devenue l'arme totale des anarcho-islamistes de Ben Laden.

CHAPITRE III

Pourquoi un pays bascule-t-il dans l'intégrisme ? L'exemple algérien

Tout autant qu'une idéologie, l'intégrisme est un produit destiné à la consommation des masses, un ersatz imaginaire des biens réels auxquels elles ne peuvent accéder. Ce produit fonctionne, comme les autres, selon les lois d'un marché. Il a son offre et sa demande. On peut considérer ses leaders, au sommet de l'organisation, comme les responsables et les initiateurs d'une vaste politique de marketing. Leur créneau est double. Il y a le marché de la misère – avec son corollaire, celui du mépris – et le marché du mensonge. Les deux sécrètent une demande spécifique à laquelle répond chaque fois le produit intégriste.

La misère attise la revendication sociale et focalise l'espérance sur la notion coranique de répartition des richesses. Le mépris – traitement général réservé au peuple par les nomenklaturas au pouvoir – exaspère le besoin de dignité et de justice, la prise en compte de l'individu que le Coran désigne comme égal aux autres, quel que soit le rang social, et comptable de ses actions, non devant le monarque – désigné comme un « Pharaon » pervers – mais devant Dieu.

Le marché du mensonge, sur lequel s'appuient tous les pouvoirs, leur a permis de réécrire l'histoire de chaque nation. Des mythes ont exilé la réalité et interdit son analyse rationnelle. Sur cette base, l'intégrisme n'a donc aucun mal à proposer son propre mythe, qui n'est que le successeur des précédents. Cette filiation est particulièrement frappante en Algérie, comme le souligne Lahouari Addi : « Entre le FLN et le FIS, il n'y a pas véritablement une rupture idéologique, mais une continuité surprenante que confirment les transferts massifs de militants. À bien des égards, le FLN est le père du FIS, expression politico-idéologique d'un peuple appauvri, d'un peuple orphelin d'illusions auxquelles il voudrait encore croire[1]. »

Le marché de la misère

Août 1990, Alger. Le Front islamique du Salut a remporté deux mois auparavant les élections municipales. Il est dans une dynamique de victoire. Nous sommes encore très loin de la guerre civile qui se déclenchera dix-huit mois plus tard et les journalistes occidentaux sont bien accueillis. Au siège du parti, le responsable des activités sociales, Ahmed Merani (il se désolidarisera plus tard de la direction du mouvement, et fera même partie d'un gouvernement algérien comme « islamiste modéré »), accepte de me servir de guide dans la Casbah afin de me montrer l'efficacité de ses militants.

La Casbah est une merveille architecturale en ruine, un « patrimoine de l'humanité », selon le statut dont l'a dotée l'Unesco, transformé en bidonville d'un genre exceptionnel. Les ancestrales maisons ottomanes s'écroulent régulièrement, en raison des affaissements de terrain contre lesquels aucune mesure technique n'a été envisagée par les services de la ville. 60 000 personnes s'y entassent dans des habitations insalubres, aux toits éventrés, aux murs rongés par les moisissures. On y vit en moyenne à dix par pièce. L'origine de la population est essentiellement rurale. Les habitants traditionnels de la Casbah l'ont désertée au moment de l'indépendance pour gagner les quartiers européens, désormais vides d'occupants. Au fil des années, la misère des campagnes a chassé vers Alger une masse de déshérités qui se sont installés là, aussi bien qu'aux limites de la capitale, dans des cités bâties à la va-vite et à peu de frais. Les ordures s'étalent partout, les fenêtres de la Casbah donnent sur des décharges d'immondices. La tuberculose a refait son apparition, les médicaments sont introuvables sauf au marché noir, aux éventaires des « trabendistes » (de l'espagnol « contrebandier ») qui proposent des antibiotiques ou des antalgiques fabriqués dans les pays de l'Est, bien moins efficaces que les médicaments occidentaux et provoquant de fâcheux effets secondaires. L'application du « Code de la famille », qui oblige une épouse répudiée à laisser le domicile à son ex-mari, a précipité dans la misère des milliers de femmes et d'enfants.

Tel est le cas de Zohra, mère de cinq enfants et dont le fils aîné vient d'adhérer au FIS. Zohra était à la rue. Elle vivait dans les ruines d'une maison écroulée. Elle avait fait des dizaines de démarches auprès de la municipalité. On l'avait éconduite. Mais une rumeur courait la Casbah : « Le FIS aide, le FIS reloge. » Zohra est allée à la mosquée qui a immédiatement décidé de prendre en charge les enfants dans la journée. La mosquée est propre et salubre. C'est le seul endroit qui évoque pour Zohra, dès qu'elle y pénètre, une vie normale et digne. Cette femme de 35 ans ne s'était jamais voilée. Elle m'explique même que les théories du FIS sur la femme ne lui sont pas sympathiques : « Le FIS, c'est l'ami des hommes. » Mais elle passe outre et tout cela finalement l'indiffère : l'essentiel est qu'à la permanence du FIS Ahmed Merani se soit engagé à lui trouver une maison et l'ait réellement fait. Il lui a même déniché des travaux de couture – le FIS favorise le travail à domicile des femmes qui ne compromet pas leur pudeur –, lui permettant ainsi de redémarrer dans la vie.

Lorsque nous entrons dans la nouvelle maison de Zohra – une grande pièce impeccablement tenue –, la jeune femme accueille Ahmed Merani avec toutes les marques d'un profond respect. En signe de reconnaissance – et d'allégeance nouvelle aux préceptes islamiques –, elle porte un foulard. Son fils d'ailleurs l'exigeait. Zohra est fière qu'il ait cessé de traîner dans la rue pour devenir un militant actif du FIS et « faire le bien ». Merani s'éclipse, jugeant que j'en apprendrai suffisamment sur les bonnes œuvres de son organisation avec ce cas d'école qu'est Zohra. Il a raison. Nous nous rendons au hammam. C'est le jour des femmes et la porte est gardée par deux cerbères barbus. À l'intérieur, les conversations des commères semblent bien éloignées du contexte politique. En réalité elles tournent autour. Zohra ne cesse de vanter sa nouvelle félicité tandis que ses amies se lamentent sur leurs conditions d'existence. Pas d'eau, ou alors certains jours et à certaines heures. Pas de médecin ou alors une attente indéfinie dans les services surchargés des hôpitaux. L'une d'elles diffère depuis des mois une opération nécessitée par un cancer du sein. Mais l'objet du ressentiment général est un personnage que nulle n'a jamais vu et dont le pouvoir semble bloquer tous les recours : le « Wali ». Le Wali est l'équivalent du préfet. C'est vers lui que convergent toutes les suppliques. Sans aucune utilité. « Les maisons tombent et le Wali ne reconstruit pas », « On ne peut même pas laver le linge et rafraîchir les enfants, mais le Wali a sûrement de la belle eau dans sa piscine, ne t'inquiète pas pour lui ! », « On a le nez toute la journée sur les ordures mais la femme du Wali respire toutes les odeurs du paradis dans sa villa d'Hydra, tu n'as pas besoin de prier pour elle ! » Hydra, sur les hauteurs d'Alger, est le quartier résidentiel où vivent les « huiles » du régime. Zohra dit qu'elle votera FIS aux prochaines élections et fait passer efficacement le message. Les femmes qui sont contre le FIS, ces militantes féministes qu'elle a vues à la télévision, ont sûrement les moyens, elles ne souffrent pas comme elle, Zohra. Les commères hochent la tête en signe d'approbation. De toute façon « l'Islam est contre la misère, pour le Prophète il n'y a ni pauvres ni riches, Allah fait justice ».

Telle était la vapeur de colère qui se condensait dans ce hammam de la basse Casbah à l'été 1990. J'y suis retournée seize mois plus tard, à la veille des élections législatives de décembre 1991. La situation avait encore empiré. D'autres maisons s'étaient écroulées et le Wali n'avait même pas déblayé les gravats. On cheminait à travers les poutres moisies et les débris de verre. De temps en temps, des échafaudages s'abattaient, créant une panique supplémentaire et blessant des enfants. Des toiles de fortune tendues d'un vestige de maison à l'autre tentaient vainement de protéger les locataires de la pluie. Le FIS était donné vainqueur. J'interviewais un médecin originaire de la Casbah et qui, malgré une relative aisance, avait choisi de continuer à exercer au milieu de ce désastre. Le Dr Laadi Flici, également écrivain et poète, s'était décidé à se présenter contre le candidat du FIS. Idéaliste, il n'hésitait pas à soigner gratuitement les gens de son quartier, battait la campagne pour leur trouver des médicaments et espérait ouvrir une clinique en retapant à ses frais une ancienne demeure ottomane. Laadi Flici jouissait d'une grande popularité dans la Casbah. Il avait combattu les Français au moment de la guerre d'indépendance. On l'avait incarcéré et torturé à la prison Barberousse, de sinistre mémoire.

Sous la conduite, cette fois, du Dr Flici, je suis entrée à nouveau dans les taudis. Mais toute l'affection qu'on lui portait n'empêchait pas les habitants de souhaiter avec ardeur l'avènement du FIS. Un homme ne peut lutter à lui seul contre pareille catastrophe. Et les êtres de la trempe du médecin étaient rares, terriblement rares en Algérie.

Le 26 décembre 1991, le FIS remporta le premier tour des élections. On connaît la suite : le coup d'arrêt imposé par le pouvoir, la dissolution du FIS, son entrée dans la clandestinité et la guerre civile que ces événements provoquèrent.

Laadi Flici fut assassiné par trois intégristes le 17 mars 1993 dans son cabinet de la rue Amar-Ali, situé exactement au centre de la Casbah. Le « salaire » versé à l'auteur d'un assassinat d'intellectuel ou de journaliste tournait autour de 400 francs. La haine avait proliféré comme un cancer sur les cellules folles de la misère et du mépris.

Le marché du mensonge

Le propre des régimes qui ont pris le pouvoir en terre musulmane, lors de la décolonisation, est de s'être, partout, construit sur des mythes. Mythe de l'État-FLN révolutionnaire en Algérie, mythe du baassisme, le socialisme arabe, en Égypte où il a sombré, en Syrie et en Irak où il se maintient artificiellement sous la botte impitoyable d'un pouvoir autoritaire. Mythe de l'Islam dur et total en Arabie Saoudite, en réalité thèse d'un prêcheur local, Abdel-Wahhab, qui pactisa avec un obscur émir du nom de Saoud au XVIIIe siècle. Mythe, dans le sous-continent indien, d'un « pays des purs », traduction du nom Pakistan, sans tenir compte des traces de la longue cohabitation avec l'hindouisme.

L'édification de ces mythes a fait table rase de l'histoire antérieure des peuples. On l'a d'abord interprétée comme un réflexe salutaire destiné à réattribuer leur identité volée aux victimes de la colonisation. Trente ans après, on a été obligé de constater, notamment en Algérie, que cette idéologie n'était pas celle de l'authenticité mais du mensonge. Le peuple n'a pas retrouvé ses racines. Au contraire, il les a égarées davantage. Cela au nom du fameux concept d'identité « arabo-musulmane », autre terreau fertile de l'intégrisme. L'Algérie, nation dont la tragédie concerne les Français au premier chef puisqu'elle a commencé à s'exporter sur leur territoire, est encore une fois l'exemple le plus éloquent de cette vaste mystification.

Le mouvement nationaliste algérien, à l'origine, est extrêmement divers. Il rassemble, avant la Seconde Guerre mondiale, trois types de militants. Les républicains comme Ferhat Abbas se réfèrent au triptyque « Liberté, égalité, fraternité » pour exiger de la puissance coloniale l'égalité des droits pour les musulmans d'Algérie. Les « islamisants » comme Ben Badis se retrouvent autour de la formule « l'Islam est ma religion, l'arabe ma langue, l'Algérie ma patrie ». Les politiques comme Messali Hadj veulent faire la synthèse des deux courants pour l'avènement d'une indépendance nationale respectueuse de la diversité algérienne et fondée sur la démocratie. L'intransigeance du colonisateur hâtera le choix de la lutte armée. Au sein du mouvement nationaliste, de divisions en excommunications puis en assassinats, c'est la tendance arabo-islamique qui finira par triompher. Ben Badis, son inspirateur, meurt en 1940, mais les chefs du FLN vont reprendre cet héritage en y superposant une idéologie militariste et le sectarisme du parti unique. Toutes les autres tendances sont impitoyablement liquidées.

Le choix exclusif de l'« arabité » éliminait tout un pan de l'histoire et de la culture du pays. Les racines profondes de l'Algérie, en effet, ne sont pas arabes mais berbères. La conquête arabe au VIIIᵉ siècle a rencontré une résistance farouche de la part des autochtones. En Kabylie, l'héroïne locale, vénérée encore aujourd'hui, est une princesse guerrière, la Kahena, qui lança sa tribu contre le conquérant venu d'outre-Méditerranée. Encore les origines de cette pasionaria sont-elles mélangées. Il est possible qu'elle ait été juive. Des immigrés venus de Palestine avaient fait souche en des temps très anciens en Algérie, comme dans le reste du Maghreb. Ils s'étaient mêlés aux tribus berbères dont certaines adoptèrent même la religion juive. L'histoire réelle de l'Algérie est ô combien plurielle...

Les Berbères – ou « Amazigh » (hommes libres) –

se sont convertis à l'Islam du conquérant mais sans jamais renoncer à leur identité. Ils ont gardé leur langue et leurs traditions. À l'heure actuelle, ils représentent 35 % de la population algérienne. Ils étaient naturellement présents dans le mouvement nationaliste. Leur expérience historique de minoritaires les rendait plus enclins à réclamer la séparation du religieux et du politique et à se méfier du tournant arabo-islamique. Ils tentèrent de l'infléchir dans le sens de la laïcité. On les accusa aussitôt de « berbérisme », renvoyant ainsi à un statut d'étrangers de l'intérieur ceux qui voulaient croire en une citoyenneté véritable. Une grave crise s'ouvrit en 1949. Les dissidents furent exclus. Déjà, le discours ethnico-religieux en gestation au sein du futur FLN révélait son allergie à la démocratie.

Très tôt donc, bien avant l'indépendance, les dés sont jetés : l'Algérie sera islamique et arabe. Cette première fracture a laissé des traces. En août 1963, après le vote d'une Constitution qui accroît les pouvoirs du parti unique, une insurrection éclate en Kabylie. Dans les années qui suivent, l'opposition – en prison puis en exil – au FLN est incarnée par un leader d'origine kabyle, Hocine Aït Ahmed. La tradition de dissidence de la région reste vive, tant vis-à-vis de l'idéologie dominante que de celle qui prétend lui succéder : la majeure partie de la Kabylie est aujourd'hui soudée dans une opposition irréductible au FIS. C'est là que se sont constituées les premières milices armées pour résister aux terroristes. C'est là qu'éclate en avril 2001 une révolte de la jeunesse qui ébranle tout le pays. Réprimé dans le sang, ce « printemps noir » constitue une répétition générale de la grande crise révolutionnaire contre le pouvoir, en gestation chez les Algériens.

Au lendemain de l'indépendance, le FLN va encore bétonner le dogme en mettant en chantier une politique d'arabisation culturelle. Bien que ses responsables soient francophones et ne parlent même pas l'arabe classique, ils décident de réduire le français à une langue de seconde zone. Peu à peu, les enseignements primaire puis secondaire sont arabisés. Or on manque d'enseignants dans cette langue. Le régime fait donc massivement appel à des maîtres étrangers. C'est là que nous retrouvons l'influence du Caire.

Cette métamorphose du contenu éducatif va de pair avec l'injection d'une idéologie antifrançaise qui entend non pas liquider mais perpétuer à l'infini les traumatismes de la guerre de libération. Globalement, le FLN travaille à l'élimination de toutes les traces de l'occupation française. Or, aussi injuste qu'ait été le joug colonial, les Algériens ont cohabité avec les Français et leur civilisation pendant cent trente-deux ans. De cette union, même conflictuelle, est née une identité mixte. L'influence de la France en Algérie est beaucoup plus forte qu'en Tunisie ou au Maroc, simples protectorats. Sa politique éducative et culturelle, pour aussi ségrégationniste qu'elle ait été (le fameux « code de l'indigénat ») n'en tranchait pas moins sur celle d'autres puissances coloniales dans le reste du monde. En Inde, par exemple, la Couronne avait établi une frontière étanche entre les Britanniques et la population indienne.

En Algérie, la marque française volontairement imprimée au moindre village a influencé les habitudes et les mentalités. Le colonisateur s'est même immiscé dans les traditions en relevant d'autorité l'âge du mariage. Des générations d'instituteurs ont enseigné sous le signe de l'école de Jules Ferry, diffusant la laïcité comme une évidence.

L'Algérien en a gardé un style de vie à part : consommation d'alcool, observation très relative du jeûne du Ramadan, répugnance à « trop en faire » dans la religiosité, mais aussi goût de la vie publique, du débat politique calqué sur la vie parlementaire française. Le fait est connu dans le monde arabe où, jusque dans les années 80, la personnalité algérienne profonde – en dehors de l'aura révolutionnaire – est considérée avec curiosité et suspicion. Il n'est pas rare qu'on moque ces Arabes « amateurs », ces Algérois dont la faconde rappelle celle des pieds-noirs et la gouaille celle des titis parisiens, ces musulmans hybrides dont la culture islamique reste très approximative.

Le dogme arabo-musulman véhiculé par le FLN a pour mission de corriger ce métissage. Sur le plan extérieur d'abord. Alors que l'Algérie, une fois sa dignité nationale conquise, aurait pu devenir, grâce à la multiplicité des influences qui s'y bousculent, une terre idéale de liaison entre l'Orient et l'Occident, de dialogue culturel, économique et politique entre le Nord et le Sud, ses dirigeants décident de l'orienter vers le monde afro-asiatique.

Sur le plan intérieur ensuite. L'influence perverse de la culture française est dénoncée dans chaque domaine. Les œuvres d'un enfant du pays devenu prix Nobel de littérature, Albert Camus, sont frappées d'anathème et chassées des rayons des bibliothèques et des librairies. Si des écrivaillons pseudo-universitaires les évoquent, c'est pour en souligner avec dégoût le caractère « colonial ». Camus, fils d'une femme de ménage et d'un ouvrier agricole, n'avait pourtant rien à voir avec les grands colons de la plaine de la Mitidja. C'est lui qui, le premier, dénonça en 1948 dans la presse locale « la misère en Kabylie ». Lui qui appela en 1956 à une « trêve civile », s'attirant les menaces de l'OAS. J'évoquerai ici encore la lucidité et le courage du Dr Laadi Flici qui s'acharnait à réhabiliter l'auteur de *L'Étranger*. Au nom précisément de cette identité algérienne multiple que le régime veut réduire à sa seule dimension arabo-musulmane.

Le fantasme du « Hezb França », le parti de la France, finira par s'imprimer, tant on le martèle à chaque occasion, dans l'inconscient des Algériens. C'est cette formule que reprendront les intégristes. De même que le vieux slogan de Ben Badis – « l'Islam est ma religion, l'arabe ma langue, l'Algérie ma patrie » – pour faire la chasse à ces hommes politiques francophones qui ont pourtant si largement contribué à le répandre.

Un autre mythe contribue puissamment à pérenniser l'hostilité à la France : celui de la guerre de libération nationale. En Algérie, c'est la guerre qui fonde l'idée de nation et structure l'histoire du pays telle que l'écrivent ses maîtres. Guerre idéale de bout en bout, dont on tait les « bavures », les massacres, les règlements de comptes internes. Guerre qui s'éternise dans la conscience algérienne au point de ne plus susciter, lors de chaque conflit – privé, local ou national – que des réflexes guerriers. « Un sous-fifre de la Wilaya [l'équivalent de la préfecture] m'avait pris en grippe, me racontait un enseignant d'Oran ; du coup, pour me porter tort, il m'accusait d'être un "Hezb França" ! » Cette propension à reproduire sans arrêt les réflexes d'une époque pourtant éteinte, c'est ce que l'historien Benjamin Stora, auteur des ouvrages les plus rigoureux et les plus documentés sur l'Algérie[2] appelle la « culture de guerre » : « Les différents pouvoirs qui se sont succédé ont tous fondé leur légitimité sur l'invocation de la guerre de l'indépendance contre la France. La valorisation outrancière du principe de la lutte armée – au détriment du facteur politique – a été fabriquée et transmise par une histoire officielle, épique, légendaire et religieuse... Aujourd'hui en Algérie, sur une scène mimétique, se réveille une mémoire de guerre, que certains croient restauratrice de liens fondateurs[3]. » Cet obsédant mythe guerrier dans lequel chaque jeune Algérien a baigné dès l'enfance, les intégristes sauront l'accommoder à leur manière : celle du Djihad. Ali Belhadj, leader du FIS, s'exclamait à la veille des élections de décembre

1991 : « Je me consacre avec mes frères, avec les armes de la foi, à bannir intellectuellement et idéologiquement la France et ses partisans qui en ont tété le lait vénéneux [4]... »

Quant à la réislamisation du pays, elle est en marche dès le règne de Boumediene sous lequel se multiplient les constructions de mosquées. La « moralisation » des mœurs aussi. Le journal du FLN, *El Moudjahid*, s'en prend, dès 1970, comme le note à l'époque André Fontaine dans *Le Monde* [5], « aux mœurs dissolues qui seraient celles de certains étrangers, aux mariages mixtes, au "scandale" de la mini-jupe ». *El Moudjahid* n'hésite pas à comparer, relève encore André Fontaine, « la plutôt chaste Alger à quelque Babylone moderne ». Le journaliste rappelle enfin « l'étonnant contraste entre un régime officiellement socialiste, qui se déclare solidaire des mouvements de libération les plus matérialistes et une société plus soumise peut-être qu'aucune autre – l'Arabie mise à part – aux impératifs d'une religion ». Loin de vouloir limiter les effets, à long terme tragiques, de la croissance démographique, Boumediene affirme ainsi, en musulman rigoriste, que le contrôle des naissances ne saurait constituer la réponse au problème du sous-développement algérien. L'émancipation de la femme – qu'espéraient tant les Algériennes après leur participation à la guerre de libération – s'en trouve radicalement freinée.

Le mythe de la nature arabe, islamique et militaire de l'Algérie une fois installé, tout est en place pour que les intégristes le récupèrent en le poussant à l'extrême. On a déjà vu que le FLN avait devancé leurs désirs en instituant en 1984 le rétrograde « Code de la famille ». Le voile avait fait sa réapparition dès 1980, notamment dans la très conservatrice Constantine. Lors d'un passage dans cette ville à l'époque, j'appris de la bouche de plusieurs jeunes filles que des « fanatiques » avaient vitriolé des étudiantes vêtues trop librement à leur gré. Un jeune médecin, formé à Paris, et par ailleurs plutôt bon vivant, me confia qu'un Islam, même très strict, lui semblait la seule solution viable pour le pays. Le tarissement de la manne pétrolière depuis 1985 révélait en effet l'incapacité du système à satisfaire les besoins des citoyens. Le mode de gestion politique et économique du parti unique suscitait une irritation croissante. La génération née après l'indépendance arrivait à l'âge adulte sans travail, sans loisirs, sans grand dessein national. Éduquée sur un mensonge, elle était mûre pour une révolte encore confuse mais arc-boutée au credo religieux. Cette colère ne pouvait s'exprimer qu'à travers l'Islam. La jeunesse ignorait toutes les velléités républicaines et pluralistes contenues autrefois dans le mouvement nationaliste. Le régime les avait soigneusement effacées de l'histoire algérienne officielle, comme la figure de leurs représentants, Ferhat Abbas et Messali Hadj. Le jeune chirurgien algérien qui m'avouait son espoir dans l'Islam en février 1980 à Constantine était lui aussi victime de cette amnésie. Devenu plus tard médecin militaire, il fut, ironie du destin, la cible des groupes intégristes. Lorsque je le revis, à Paris, en 1994, il avait dû s'exiler avec toute sa famille. Tentant d'inventorier les causes du naufrage de son pays, il n'y voyait plus qu'un énorme chaos au-dessus duquel surnageaient la pauvreté du peuple – alors que l'Algérie dispose de terres fertiles et d'immenses ressources naturelles –, le dédain des gouvernants – alors qu'ils prônaient le socialisme – et la loi du mensonge.

Le mythe génère l'amnésie. Et l'amnésie, sur le terreau de la crise et de la dictature, génère la violence. « Violence du souvenir non assumé, violence de la revanche par rapport au parti unique, écrit encore Benjamin Stora ; les Algériens se trouvent face à un trop-plein de mémoire falsifiée qui valorise la puissance par les armes, le changement d'une société par la lutte armée[6]. »

Ainsi, la boucle est bouclée : le régime, après avoir forgé des légendes pour durer, se retrouve otage de leurs nouveaux récitants.

CHAPITRE IV

Pourquoi l'intégrisme
déteste-t-il l'Occident ?

Périodiquement on tente de nous convaincre que l'islamisme déteste moins l'Occident que l'Occident ne le déteste. Cette thèse a connu une faveur nouvelle depuis la guerre du Golfe et la métamorphose de Saddam Hussein en héros de l'Islam. Les États-Unis et leurs alliés – dont nombre de pays arabes – auraient accompli un acte infâme en empêchant le dictateur irakien de se rendre maître de la majeure partie des ressources pétrolières de la planète. L'enjeu réel de la guerre du Golfe – détention du capital énergétique et donc supra-puissance d'un tyranneau irresponsable, grand gazeur de Kurdes – est occulté au bénéfice de la thèse d'un impérialisme froid, aidé dans sa politique de conquête – mais qui a voulu conquérir le Koweït, sinon Saddam ? – par des manipulateurs d'opinion, experts dans l'art de « diaboliser » le leader irakien. De même, nous « diabolisons » l'intégrisme et l'Islam. Nous jetons de l'huile sur le feu du purgatoire où végètent les peuples musulmans. Et finalement, l'enfer, c'est nous, Occidentaux, qui le créons. Cette démonstration constitue en quelque sorte l'apogée de la propagande islamiste à destination de l'extérieur : diffusée par des observateurs théoriquement objectifs, elle a pour but réel de semer la confusion et d'embrumer notre lucidité. Pourtant, le pire a été atteint en un éclair lors des attentats du 11 septembre 2001. Et les déclarations d'Oussama Ben Laden, leur inspirateur sinon commanditaire, ne laissaient pas place au doute : « Dieu a dirigé les pas d'un groupe de musulmans qui ont détruit l'Amérique et nous implorons Allah d'élever leur rang et de les admettre au Paradis... Je jure par Dieu que l'Amérique ne connaîtra plus jamais la sécurité avant que la Palestine ne la connaisse et avant que toutes les armées occidentales athées ne quittent les terres saintes de l'Islam. » Quoi de nouveau au fond ? La détestation de l'Occident est une constante de tous les mouvements intégristes.

Dès l'origine, elle a été exprimée par l'un de ses fondateurs, Sayyid Qutb, dans les années 50 : « Il est indispensable que le genre humain suive un nouveau leadership. Le leadership de l'homme occidental a quasiment cessé. C'est maintenant le tour de l'Islam, de la Umma (communauté des croyants). Il est improbable qu'avant plusieurs siècles au moins la Umma puisse dépasser l'Europe matériellement. C'est donc un autre élément qui lui permettra de prendre la direction du genre humain. Il ne peut s'agir que de l'idéologie et du programme qui permettront au genre humain de conserver son esprit de production matérielle, mais sous le contrôle d'une vision du monde nouvelle qui répondra aux exigences actuelles de la nature humaine[1]. »

Ce texte est essentiel car il fait appel à trois notions phares du discours islamiste. Premièrement, celle de l'inanité des valeurs occidentales auxquelles doivent se substituer les valeurs de l'Islam. Deuxièmement, la conscience aiguë de la puissance matérielle de l'Occident. Troisièmement, l'appel à en triompher, d'abord par le biais de l'idéologie, arme suprême des musulmans contemporains, ensuite dans « plusieurs siècles » par des moyens que Sayyid Qutb, homme des années 50-60, ne pouvait clairement formuler mais dont les masses musulmanes radicalisées, au Maghreb, au Proche-Orient et en Asie, espéraient voir Saddam se doter au moment de la guerre du Golfe. Et se réjouissent que Ben Laden les possède peut-être.

Depuis la révolution iranienne de 1979, on a pu d'autre part se familiariser avec le concept de « Grand Satan » attribué par Khomeiny à l'Occident. La « diabolisation », qui fleurissait sur les banderoles en caractères énormes à chaque démonstration de force du régime, est donc bel et bien une trouvaille intégriste et non, comme on voudrait nous le faire croire, un avatar de la peureuse ignorance occidentale.

Quelles sont les raisons de cette hostilité qui risque de rendre si difficile la moindre tentative de dialogue avec les islamistes ? Nous en distinguerons deux. L'Occident-traumatisme, miroir inversé de

l'échec arabe, sur la toile de fond des blessures géné-
rées par l'européocentrisme colonial. Et l'Occident-
hérésie, lieu de toutes les innovations coupables, en
flagrante contradiction avec la loi morale dictée par
Dieu à Mahomet.

L'Occident-traumatisme

Au temps de la splendeur de la civilisation musulmane, entre le IXe et le XIIe siècle, les idées extérieures
à l'Islam avaient pu influencer les grands intellectuels, Avicenne, Averroès, Al-Farabi, Al-Kindi, pour
ne citer que les plus connus. Le calife Al-Mamun
avait même créé en 832 à Bagdad une « Maison de
la sagesse », destinée à la traduction et à la diffusion
des textes de Platon et d'Aristote. C'est grâce à ce
relais inattendu et fécond que la philosophie grecque
parviendra plus tard en Occident. Mais à partir du
XIIe siècle, sous l'influence des circonstances politiques difficiles – guerres au sein de l'Empire fragilisé,
Reconquista en Andalousie, invasions mongoles et
turques imposant des normes asiatiques tyranniques
à l'Islam jusque-là très ouvert de Damas et de Bagdad –, la pensée va se rigidifier et les intégristes, déjà,
barrer la route à tout esprit de curiosité intellectuelle. Les théologiens les plus dogmatiques faisaient
brûler les œuvres taxées d'impiété. « La croyance se
substituait au savoir et le fantasme à la réalité, écrit
Fereydoun Hoveyda[2], tandis que le parti de l'orthodoxie religieuse savourait sa victoire, la science (du

reste inspirée par les découvertes musulmanes antérieures) et la philosophie fleurissaient en Europe où
elles allaient provoquer la plus formidable des révo-
lutions scientifiques et techniques. En Orient, en
revanche, le sous-développement s'emparait des
sociétés et les ramenait en arrière. » Le monde
musulman, après avoir vécu un Moyen Âge de
lumière à l'heure où le nôtre stagnait dans la nuit,
s'enfonçait dans la régression au moment où l'Occident entamait sa renaissance. Pendant des siècles,
l'Islam ne manifesta aucune curiosité pour ce qui se
produisait hors de ses limites. Puis la conscience des
phénomènes extérieurs lui revint dans la violence,
via l'expansion coloniale de l'Occident à partir du
XIXᵉ siècle. De 1798 à 1801, c'est la campagne de
Bonaparte en Égypte. En 1830 débute la conquête
de l'Algérie. En 1881, c'est le protectorat français
en Tunisie, puis en 1912 au Maroc. En 1914, le
protectorat britannique en Égypte. En 1920, le
mandat français sur la Syrie et le Liban, le mandat
britannique sur la Palestine et l'Irak...

Déferlant sur un monde figé, et désormais
dominé, l'influence de l'Occident suscite à la fois
envie et inquiétude. L'islamiste marocain Abdessalam Yassine, en fustigeant aujourd'hui les idées
modernistes au sein de l'Islam, les impute directement à la saga coloniale. « Yassine y voit un pan du
grand projet occidental impérialiste qui commence
avec l'invasion de Bonaparte en Égypte et se pour-
suit avec l'occupation de la Palestine », écrit Emad
Eldin Shahin, chercheur à l'Institut de pensée isla-

mique de Virginie, aux États-Unis[3]. Au siècle dernier avaient fleuri les ouvrages d'auteurs arabes sur ce « secret insaisissable du pouvoir occidental », selon l'expression de l'orientaliste Bernard Lewis. Le Libanais Chakib Arslan publie *Les Raisons du retard des Musulmans et du progrès des autres peuples*. Dans *La Mère des Cités*, le Syrien Al-Kawakibi explore le même thème. On a vu, dans le précédent chapitre sur les origines de l'intégrisme, que toute la fin du XIXe siècle et le début du XXe sont hantés par le double désir de s'ouvrir à l'Occident et de faire renaître, grâce à une idéologie inédite, l'Islam humilié. En fait, note Bernard Lewis, « la communauté islamique en est encore à se remettre de cette époque traumatisante où les gouvernements et les empires musulmans furent renversés, et les peuples de l'Islam soumis à des étrangers impies[4] ».

Ce traumatisme n'a pas été liquidé par la décolonisation. Il s'est au contraire durci à travers les conflits contemporains : guerres israélo-arabes où Israël est vécu comme le bras armé de l'Occident, guerre du Golfe où se déploie la puissance de l'Ouest, guerre d'Afghanistan dans laquelle Ben Laden est perçu comme une victime, puis comme un résistant, enfin comme un rédempteur s'opposant magiquement aux forces infidèles.

Mais il ne suffit pas que l'impuissance face à la puissance blesse l'orgueil musulman. L'Islam, au Sud, est aussi obsédé par le spectacle de l'abondance face à la misère. Il a tendance – appuyé en cela par les régimes soucieux d'éluder leurs responsabilités –

à chercher les causes de son sous-développement dans la colonisation passée et non dans la gestion actuelle. D'une certaine façon, tout est plus simple ainsi : l'Occident a pillé les richesses de l'Islam, détruit ses traditions et laissé un désert. Il y a un ennemi extérieur contre lequel peuvent se focaliser toutes les rancœurs. Cette certitude, chez les islamistes, est antérieure à la dénonciation des pouvoirs locaux corrompus. Elle va les aider par la suite à hiérarchiser les ennemis : à portée de la main, le régime impie. Mais, au-dessus de lui, son inspirateur et son allié, son guide pervers en somme : l'Occident. Cette conception s'exprime directement dans le conflit algérien : le Djihad s'applique au gouvernement des généraux, mais au-delà à la France, accusée de les soutenir, ex-puissance coloniale perpétuant ainsi sa domination séculaire. Ce qui autorise les intégristes à frapper Paris.

Enfin il y a le traumatisme sexuel. Car, sur ce plan, l'Occident est l'image de la jouissance face à la frustration. On sait depuis Freud quels effets dévastateurs produit la répression de la libido. Or la libido n'est nulle part plus impossible à satisfaire que dans ces pays surpeuplés, où le chômage interdit aux jeunes de trouver un toit et de fonder un foyer. La tradition musulmane est de se marier tôt. Elle a été mise en échec par les circonstances économiques. Il n'est pas rare qu'un jeune Algérien, Marocain, Égyptien soit encore célibataire à 30 ans passés. Ce statut, qui, dans nos sociétés européennes, favorise les expériences, les interdit au contraire dans les sociétés

musulmanes où la relation amoureuse est strictement codifiée. Quant aux couples mariés, ils ne disposent d'aucune intimité, la crise du logement les
forçant à cohabiter avec le reste de la famille. À ces
frustrations se surajoute la vision continuelle d'un
ailleurs où chacun vaque, sans contraintes, à ses
désirs et ses plaisirs.

Cet ailleurs exorbitant, fief, semble-t-il, par
comparaison, de la libido la plus tumultueuse, c'est
l'Occident. Imaginons une seconde l'impact de nos
feuilletons télévisés les plus anodins – sans parler des
films classés X – sur une famille algérienne de dix
personnes massée devant la télévision, dans une
pièce qu'il est impossible de quitter, ne serait-ce qu'à
cause du couvre-feu. Le spectacle d'une volupté
impossible se donne là, en permanence. Sécrétion
continuelle de sensations interdites, mirage qui rend
la soif encore plus vive. Traumatisme, encore une
fois, face à la distance énorme qui sépare le jeune
musulman du jeune Occidental. Alors, pour ne pas
sombrer, on va haïr. Ce n'est pas bien difficile, tant
le contexte y prépare. Et les textes islamistes n'ont
pas eu de mal à flétrir l'« immoralité » de l'Occident,
cette scandaleuse atteinte à la pudeur que reflète le
comportement de ses femmes, le danger que constitue l'importation de telles mœurs pour une société
de croyants. « Grand Satan » militaire et économique, l'Occident est aussi un démon libertin. Mais
on ne le diabolise qu'en raison du lancinant regret
de ne pouvoir jouir de ses supposés paradis. Olivier
Roy résume avec brio cette ambivalence : « Le

monde musulman est en fait déjà occidentalisé, mais ne pense cette occidentalisation que comme aliénation. Le refus de la culture occidentale est de l'ordre de l'imprécation, du cri, de la pierre jetée, mais aussi de la fascination. La société néo-fondamentaliste n'est pas la haine de l'autre, elle est la haine de soi et de ses désirs[5]. »

L'Occident-hérésie

L'Islam n'aime pas le changement. Ce n'est pas être antimusulman que de le constater. Au contraire, chaque croyant traditionaliste vous le réaffirmera. Tradition, justement : c'est la notion la plus noble en Islam, celle qui donne son nom à la seconde source de la foi : la Sunna. Tout a déjà été révélé par Dieu à Mahomet, « Sceau des prophètes », venu achever le cycle des révélations antérieures, juive et chrétienne, et les corriger. Jean-Pierre Péroncel-Hugoz note, dans une belle formule : « Les juifs ont l'Espérance, les chrétiens l'Amour et les musulmans la Foi. » Cette foi s'appuie sur la conviction que seule la répétition du passé peut produire un présent acceptable. Les modes d'appréhension et d'organisation du monde ont été une fois pour toutes exprimés dans le Coran. Ce qui a été sera. Une conception radicalement opposée à la démarche occidentale. « Alors que le monde oriental exalte le savoir transmis par tradition, de père en fils, l'Occident se passionne pour l'innovation, la découverte, la recherche, le progrès, note Anne-Marie Delcambre, pour les musulmans, l'innovation est le péché par excellence, l'hérésie ("bid'a"). L'imitation servile ("taqlid") est préférable. Il n'y a pas de pensée libre ni de libre pensée en Islam. Or, à l'obéissance passive à la loi religieuse et à la coutume des ancêtres, l'Occident oppose la révolte, la contestation, le doute. L'obéissance n'est plus ressentie comme une vertu [6]. »

Un fossé sépare donc les deux univers intellectuels. Des ponts furent pourtant jetés entre eux, nous l'avons vu, au début du XXᵉ siècle, par quelques grands esprits. Ils ne furent pas suivis. Très vite, le discours « réformateur » s'orienta dans une direction curieusement passéiste. Il faut ici souligner le caractère paradoxal de ce fameux mouvement des idées appelé « Nahda », Renaissance en arabe, et que l'on traduit improprement par Réforme.

Fondé par le Persan Jamal-al Din-Afghani dans les années 1880, il n'a pas d'autre but que de revenir à l'Islam des origines, à « l'authenticité » : « Asala ». *Al-Asala*, tel sera justement le titre, en Algérie, de la revue du ministère des Affaires religieuses, entre 1971 et 1981, où s'exprimaient des idées fondamentalistes [7] avec la bénédiction du FLN. Ce n'est pas une simple coïncidence. Tout se tient. Entre les grandes figures de la fin du XIXᵉ siècle, présentées très superficiellement comme des « modernistes », et les leaders islamistes aux vues « archaïques », circule un fil d'Ariane. Le retrouver et l'identifier est capital. Ceci permet en effet de se repérer dans ce labyrinthe idéologique que constitue l'histoire de l'intégrisme, et notamment celle de son allergie à l'Occident.

Lesdits « modernistes » ne veulent pas du tout d'une modernité à l'occidentale. Ils cherchent à débarrasser leurs sociétés des pesanteurs qui les ont rendues impropres à égaler et concurrencer l'Occident. En aucune manière, il n'est question de l'imiter ou de tenter avec lui une fusion spirituelle. Le débat qui traverse le courant pseudo-réformateur est toujours le même : comment revivifier l'Islam pour qu'il puisse rivaliser avec ceux qui s'en sont rendus maîtres ? Les reproches que ce courant adressera à des intellectuels partisans, eux, d'une rupture avec des constantes de l'Islam (soumission de la femme, amalgame entre la religion et l'État) seront toujours identiques : mimétisme servile vis-à-vis de l'Occident, reniement de l'identité musulmane.

Notre jubilation, en Europe, quand nous pensons avoir découvert, dans le passé ou le présent de l'Islam, un « réformateur », un « passeur » entre l'Islam et l'Occident, doit donc être très relative. Répétons-le, il n'y a pas eu, jusqu'ici, d'appel significatif à la réforme de cette religion. Seules se produisent des interprétations nouvelles mais solitaires du texte coranique. L'auteur s'est fait, dans un précédent ouvrage, l'écho d'une d'entre elles, qui suscitait l'intérêt en France parce qu'elle émanait d'un religieux[8]. On attend encore, autour de cette personnalité courageuse, l'ample soutien de la communauté musulmane dite « représentative » par les pouvoirs publics.

Révérence pour la tradition et méfiance vis-à-vis de l'influence occidentale sont donc la règle chez de nombreux penseurs arabes. Le philosophe marocain Mohamed Abed al-Jabri explique : « Le passé fait office de présent, il est conçu comme moyen d'affirmer et de réhabiliter l'identité. La principale raison qui appelle la conscience arabe moderne à s'affirmer ainsi est parfaitement connue et avouée : il s'agit du défi occidental sous toutes ses formes[9]. » Mohamed Abed al-Jabri propose lui-même une très intelligente réorientation de la pensée musulmane dans le sens de l'analyse critique et du rationalisme. Mais il prend soin d'inscrire sa réflexion dans les traces de ses prédécesseurs : « La rupture que nous appelons de nos vœux n'est pas une rupture avec la tradition, mais la rupture avec un certain type de rapport à la tradition. » Que de précautions oratoires ! Le philosophe est sur la ligne : l'Islam est rationnel, ce sont les luttes politico-idéologiques qui ont aliéné son interprétation. Mais quel que soit le brio de sa pensée (qui entend lutter contre la lecture intégriste de l'histoire), il n'en dénonce pas moins « les thèses modernistes de la pensée libérale arabe moderne et contemporaine, expression d'une redoutable aliénation de l'identité ». Sur le plan politique, Mohamed Abed al-Jabri a toujours été un militant actif de la gauche marocaine. Mais il appelle à la constitution d'un front avec les islamistes. Quels que soient les clivages politiques, l'anti-occidentalisme finit par souder les contestataires. En revanche, l'adhésion à certaines notions occidentales implique pour un musulman le rejet obligatoire et sans compromis de l'islamisme, « bon », « mauvais », « modéré » ou « extrémiste ». C'est là que se situe la véritable démarcation. On pourrait donc dire que le degré d'intolérance de l'Islam contemporain est inversement proportionnel à son seuil de tolérance au concept si brûlant d'« Occident ».

Pour surmonter son traumatisme, l'Islam des islamistes affirme en réplique un idéal de supériorité quasi existentiel. On répondra à l'Occident – et on tentera de le vaincre – par la force de la foi, la pureté morale mais aussi le nombre. L'affaiblissement de la natalité dans les pays occidentaux est un des éléments cités comme exemple de décadence inéluctable. En revanche, les vastes familles musulmanes prouvent la vitalité des sociétés islamiques. C'est pourquoi la limitation des naissances est perçue avec une sainte horreur. De même que son corollaire, la libération de la femme : « La femme est une fabrique de musulmans ! » s'écriait en 1990 un leader intégriste algérien.

Matrice de la Umma, la femme doit être préservée la première de l'influence perverse de l'ennemi occidental.

CHAPITRE V

Pourquoi l'intégrisme
fait-il la guerre aux femmes ?

C'est le visage le plus sombre de l'intégrisme. Celui aussi que nous connaissons le mieux et qui, spontanément, nous inspire le plus d'horreur. Visage interdit des Afghanes devenu le symbole de la fureur talibane, visage des Iraniennes aveuglé par le tchador, visage des Algériennes ensanglanté parce qu'elles osaient enfreindre l'interdiction de sortir sans voile édictée par les groupes armés, visage invisible des Saoudiennes, murées dans ce royaume des sables où sévit l'une des versions les plus barbares de l'Islam. Mais pourquoi donc l'intégrisme en veut-il aux femmes ? D'où vient que le GIA les décapite et les éventre en Algérie ? Que les talibans leur aient dénié en Afghanistan jusqu'au droit de se soigner, de s'éduquer et de sortir seules ? Que la Mutawana, les flics de la religion en Arabie, les arrête pour un cheveu qui dépasse ? Que les tribunaux iraniens les condamnent sans cesse au fouet, voire à la lapidation, incitant ainsi des centaines de leurs sœurs à s'immoler par le feu dans un dégoût ultime de la condition qui leur est faite ? D'où vient qu'on ait défilé en brandissant des cobras, à Dacca, au Bangladesh, sous les fenêtres d'une femme, Taslima Nasreen, qui après tout se contentait de vivre et d'écrire ? Comment expliquer la conjonction de toutes ces haines ? Y aurait-il, chez la femme, une composante mystérieuse capable de saper l'efficacité de l'intégrisme si on n'y met pas bon ordre ? Que veut-on exactement cacher, réprimer, mutiler, assassiner lorsqu'on cache, réprime, mutile, assassine les femmes ?

On touche là au domaine le plus sensible de l'intégrisme islamique, à l'un des points d'orgue majeurs de son discours. Rendant compte d'un meeting du Front islamique du Salut en décembre 1989 à Alger, Florence Assouline, auteur d'un livre sur les femmes en Islam, écrit : « À la tribune, les leaders mâles brodaient jusqu'à l'obsession sur le même motif : la femme. Soumise, mille tentations la sollicitent, elle est constamment en danger ; libre, c'est elle qui devient un danger [1]... » La femme est un symbole des pieds à la tête. Son voile est l'emblème de la cause. Son contrôle, l'emblème du contrôle de l'individu par le groupe, notion essentielle pour l'islamisme. Au fond, la femme, c'est l'être total, avec son émotion qu'il faut faire taire et sa liberté qu'il faut mater. Le courage de celles qui se dressent pour défendre le simple droit de marcher en sentant la brise sur leur visage, ce courage-là nous dit assez ce que l'intégrisme veut liquider en faisant la guerre aux femmes : le ferment de la résistance.

La femme-symbole

Autant que les portraits géants de Khomeiny et le geste bénisseur de l'ayatollah à l'intention des foules en extase, la révolution iranienne se confond pour nous avec ces gigantesques défilés de femmes ensevelies dans leurs étoffes noires. Armée féminine de l'immense armée des croyants qui avait pu, dûment encadrée et endoctrinée, renverser le Shah, elle semblait appeler de tous ses vœux son propre asservissement. En réalité, dans ce sombre costume, les Iraniennes voyaient la manifestation militante de leur identité, anti-Shah, anti-occidentale et islamique. Des femmes de toutes les couches sociales s'y reconnaissaient et les bourgeoises, d'ordinaire dévoilées, n'avaient pas hésité à se voiler par solidarité avec les prolétaires, manifestant du reste un mois plus tard contre la décision de Khomeiny de rendre le voile obligatoire. Elles réussirent à la faire différer d'un an...

« Rares sont les mouvements révolutionnaires dans le tiers monde auxquels tant de femmes ont participé, rappelle l'historien iranien et opposant en exil Chapour Haghighat, 20 % des prisonniers politiques du Shah étaient des femmes[2]. » Le voile, pour les Iraniennes des premières heures de la révolution, est révolutionnaire. Comme il le fut pour les Algériennes de la guerre de libération. Les combattantes l'adoptèrent selon une démarche décrite par Frantz Fanon : « Après le 13 mai 1958, le voile est repris, mais définitivement dépouillé de sa dimension exclusivement traditionnelle. Il y a donc un dynamisme historique du voile très concrètement perceptible dans le déroulement de la colonisation en Algérie[3]. »

Le voile est un enjeu symbolique énorme en terre musulmane depuis Ataturk. Mustapha Kemal, en décidant de faire table rase de l'héritage ottoman, s'est attaqué, depuis l'abolition du califat, à tous les signes qu'il considère comme des survivances du passé. La Turquie moderne doit être laïque et dévoilée. La répression guette les récalcitrantes. Cette politique sera reprise en Tunisie, mais plus en douceur.

L'abandon ou la reprise du voile sont donc rythmés par les péripéties politiques. Le voile ne signifie pas l'oppression personnelle au moment où les contestataires nationalistes le réadoptent. Il se confond avec cet Islam dont les différentes expériences révolutionnaires ont fait l'unique vecteur de l'identité. Mais au lendemain des grands bouleversements, les femmes doivent déchanter. Une fois l'identité islamique de l'Iran retrouvée, il s'agit de la conserver. Le port du voile est rendu obligatoire sur le lieu de travail en juillet 1980 et dans tous les lieux publics en avril 1983.

En fait, tout se passe comme si les femmes étaient otages d'un symbole dont elles ont contribué à renforcer la puissance. Lorsqu'elles le réalisent, il est trop tard. À la candeur des intellectuelles iraniennes en tchador de février 1979 répond celle des étu-

diantes en hidjab de la faculté de droit Ben Aknoun,
à Alger, en décembre 1991. De même, les collégien-
nes et lycéennes musulmanes, en France où le port
du voile est pratiquement interdit dans les établissements scolaires, croient-elles manifester pour l'expression d'une liberté.

Les régimes, comme les mouvements de contestation, sont conscients de ce formidable enjeu. On ren-
tre et on sort les voiles suivant les règles de la stratégie
politique. L'affaire des lycéennes françaises « persécu-
tées » par la circulaire Bayrou[4] est relayée à Téhéran
où des manifestations de femmes en tchador ont lieu
devant l'ambassade de France. Dans l'hexagone, elle
sert d'appui à la propagande des sympathisants
islamistes. À l'inverse, en Algérie, la révolte d'une cou-
che de femmes éduquées et décidées à barrer la route
à l'intégrisme et ses diktats est récupérée par le régime
qui se découvre un peu tard et très artificiellement
féministe : le gouvernement algérien veut « éradi-
quer » l'intégrisme mais se garde bien d'abolir le
« Code de la famille ».

La femme est donc au centre du gigantesque
débat sur l'évolution de la société musulmane. Et
les intégristes le savent. C'est pourquoi la condition
féminine – ou plutôt sa désintégration – est devenue
leur priorité, leur obsession.

L'intégrisme, solution finale du problème féminin

Rendre la femme invisible marque avec éclat la visibilité de l'islamisme. Les groupes armés algériens ont été jusqu'au bout de cette logique. Condamner à mort les femmes dévoilées, multiplier les exécutions d'adolescentes, c'est défier le monde, lui prouver que l'intégrisme, sans se soucier des morales élémentaires, est décidé à tuer pour fabriquer son propre espace. L'intégrisme prend ainsi le risque de se séparer de la communauté humaine. Mais c'est précisément ce qu'il veut. Car l'ordre qu'il entend instaurer ne se réfère à aucun de ceux que nous connaissons. Il se situe même en marge de l'Islam qui a toujours recommandé de ne pas tuer les femmes, même en cas de conflit militaire majeur et de victoire sur le camp ennemi.

Car les assassinats de femmes en Algérie n'ont rien à voir avec la loi de la guérilla. Tuer des policiers et des soldats est, somme toute, banal pour un mouvement rebelle. Exécuter des intellectuels qui incarnent une culture haïe est atroce mais encore déchiffrable. Interdire tout enseignement non islamique, incendier les écoles, brûler les livres relève de l'éternelle barbarie fasciste. En revanche, le meurtre de femme constitue la ligne rouge qui marquera définitivement dans l'Histoire la singularité de l'intégrisme islamiste, version algérienne. Les nazis liquidaient le peuple juif. Les intégristes, eux, élaborent la solution finale du problème féminin. En

Afghanistan, en Algérie, on meurt d'être femme. La fureur des bandes armées n'est pas fortuite. Elle est le résultat, bien sûr, des méthodes du banditisme (fort recrutement des moudjahidins chez les délinquants). Mais aussi d'un matraquage idéologique qui s'appuie sur la propagande habituelle et les expériences islamistes anti-femmes ailleurs dans le monde. La liquidation des femmes rétives au diktat intégriste, en Algérie, est l'aboutissement logique d'un processus en marche dans tous les États qui appliquent la Charia, totalement comme en Arabie Saoudite, au Soudan, en Afghanistan, en Iran, ou dans certains États du Nigeria, partiellement comme au Pakistan et au Bangladesh. Quel est le point commun de ces régimes qui, par ailleurs, se combattent souvent ? L'élimination de la femme de l'espace public et la mise en œuvre à son égard d'un statut juridique d'exception.

Vis-à-vis de la femme, l'univers islamiste est exclusivement policier. Il place un peu partout des frontières qu'elle ne saurait franchir, sinon marquée d'un signe distinctif et dans des limites étroitement réglementées. Ce signe est le voile, ou hidjab, ou tchador, ou encore tchadri afghan. Sorte de gigantesque étoile noire – la féministe algérienne Khalida Messaoudi n'hésite pas à comparer le voile à l'étoile jaune qui fut réservée aux juifs –, ce marquage est destiné à ce que tous s'écartent de l'être qui le porte, ne lui parlent ni ne le frôlent.

Enfermée dans cette cage personnelle, la femme est tolérée dans l'espace mais en quelque sorte sans en être. Hors du marché, ou en l'absence d'un mâle – père, frère, mari, cousin –, sa présence est incongrue. Elle sent d'ailleurs à peine l'air de la rue sur son visage puisque le tissu l'isole de l'atmosphère commune. La rue, pour les hommes lieu de vie, d'échange et de parole, ponctué par ces agoras que sont les cafés, se présente pour toute femme vivant en société intégriste comme une zone peu vivable, à parcourir le plus rapidement possible. La traversée en est périlleuse même si l'on est habillée de façon conforme aux directives. En Arabie Saoudite, en Iran, dans le Kaboul des talibans, une police spéciale est chargée de veiller à ce qu'aucun cheveu ne dépasse, à ce que même la cheville soit intégralement dissimulée. Toute infraction est passible de l'amende ou de la prison. L'Arabie Saoudite, encore plus intégriste que l'Iran, interdit aux femmes de conduire une voiture. Une manifestation de révoltées, quelque temps après la guerre du Golfe, a conduit les ulémas à traiter cette modeste revendication comme un signe de débauche. Du permis de conduire vu comme un permis d'inconduite... Et les talibans, plus intégristes encore que leurs maîtres saoudiens, finiront par interdire aux femmes la rue, voire la fenêtre !

Ce traitement équivaut à faire de la femme une suspecte permanente. À la moindre brise dérangeant l'ordonnancement du voile, c'est la délinquance qui menace. La femme est purement et simplement coupable d'être. Moins on la verra, mieux ce sera. Dans l'espace public, le rêve des intégristes est de lui assigner des zones réservées. Les lois sur la non-mixité des écoles, des collèges et des facultés ont officialisé la ségrégation. Dans les transports en commun, la séparation est la règle. Parfois, ce sont les femmes elles-mêmes qui en viennent à la demander devant l'agressivité ambiante. Au Pakistan, des autobus pour femmes ont ainsi été mis en service, sur requête de ministres – femmes – travaillant avec Benazir Bhutto, au temps où elle était Premier ministre femme d'un État islamique.

La philosophie de cet apartheid sexuel a été exprimée sur tous les tons par les leaders. L'Algérien Ali Belhadj, co-fondateur du FIS, la résume en ces termes : « Le lieu naturel d'expression de la femme est le foyer. Si elle est contrainte de sortir, il y a des conditions : ne pas côtoyer d'hommes, et que son emploi se situe dans un milieu exclusivement féminin. Dans une société islamique véritable, la femme n'est pas destinée à travailler et le chef de l'État doit lui attribuer une rémunération. Ainsi, elle ne quitte pas son foyer pour se consacrer à la grande mission de l'éducation des hommes. La femme est une productrice d'hommes. Elle ne produit pas de biens matériels mais cette chose essentielle qui est le musulman... »

Puisque le souffle lui est compté dans l'espace public, ses pas mesurés, ses déplacements surveillés, la femme n'a plus que le domaine privé pour survivre. Mais, là aussi, un arsenal juridique contrôle ce qui lui reste d'existence. Son corps n'est pas sa propriété mais celle de son père, puis de son mari. Une infraction à ces règles, la révélation de la moindre amourette avant mariage – un baiser volé, une correspondance échangée – la mène, en Arabie Saoudite, à la séquestration à vie dans des « chambres de femmes », murées. Nous avons déjà évoqué les châtiments corporels – flagellations et lapidations – appliqués sur simple accusation d'adultère, même mensongère.

Comment, dans ces conditions, la femme pourrait-elle être citoyenne ? Son statut la condamne à une enfance à perpétuité. Mais une enfance lourde et sans joie. Une enfance sans jeux, habitée par la peur, sous le signe des écrasantes tâches ménagères, dans l'angoisse de la répudiation. Car même ses enfants ne lui appartiennent pas : en Arabie Saoudite, c'est l'homme qui en a la garde s'il décide de répudier son épouse.

L'intégrisme promet donc, partout, la femme à la nuit. L'écrivain algérien Jamal Eddine Bencheikh se fait l'écho avec véhémence de cette tragédie :

« Avoir 20 ans et être une femme arabe sous tutelle, juridiquement diminuée, politiquement inexistante, majoritairement analphabète, colonisée de l'intérieur, voilée ou déshabillée, achetée ou répudiée, toujours refoulée en elle-même, toujours refoulée d'elle-même, engrossée à longueur de vie, promise aux vertus paradisiaques de l'Arabie heureuse [5]... »

Se révolter ? Les Saoudiennes qui l'ont tenté ont dû, dans le meilleur des cas, quitter le pays. Les Iraniennes, qui voyaient leur condition empirer de jour en jour au fur et à mesure que les mollahs aggravaient les mesures « islamiques » répressives pour se dédouaner de leur incapacité à gérer la crise économique, ont formé les bataillons électoraux du président réformateur Mohamed Khatami. Alternative démocratique qui n'empêche nullement qu'on continue à les lapider, les mollahs conservateurs gardant la haute main sur les centres du pouvoir. Les Algériennes, malgré les atroces menaces qui pèsent sur elles, marchent, protestent, parlent avec un courage inouï. Ailleurs, les révoltes ne peuvent guère être que ponctuelles, la plupart du temps individuelles. La Jordanienne Toujane Faisal, ancienne productrice de télévision, est l'unique femme député du Parlement d'Amman. Pour avoir remis en cause les interprétations machistes du Coran par les théologiens, elle s'est vue condamnée à mort par les fondamentalistes. Ils ont même déposé plainte contre elle en justice, réclamant l'annulation de son mariage, un vrai musulman comme son époux devant renoncer à une union avec cette femme coupable d'apostasie. Sur les bancs du Parlement, ses collègues lui ont jeté des mégots brûlants au visage. Pourtant Toujane Faisal tient bon. L'écrivain bengali Taslima Nasreen, parce qu'elle dénonçait la condition faite aux femmes dans son pays – régi depuis 1988 par une constitution islamique – a dû quitter le Bangladesh. Le gouvernement a cédé aux pressions des intégristes et lancé contre elle un mandat d'arrêt. La détermination de Taslima Nasreen a fait d'elle un symbole : « Je transforme mes larmes en mots et je voudrais que ces mots se transforment, non pas en glace mais en boule de feu, déclarait la jeune femme en Norvège où elle avait trouvé refuge. Un feu qui brûle les intégristes, qui purifie la société et qui permette à la femme d'être acceptée comme un être humain... »

Mais la route sera longue et obscure. Car l'inhumanité dont font preuve les intégristes vis-à-vis de la femme ne s'enracine pas seulement dans les résidus de la tradition musulmane et les hérésies qui s'y greffent aujourd'hui. Elle plonge au plus intime des réactions mâles. Qu'est-ce que la femme pour l'homme des sociétés qui bafouent les droits de l'homme ? L'ultime possibilité d'exercer un pouvoir. Au bas des hiérarchies, lorsque plus aucune parole n'est possible, il reste un être sur lequel faire fondre une parole autoritaire : la femme. C'est elle, le bouc émissaire idéal de toutes les frustrations sociales et politiques. Son émancipation ? Une manœuvre impie pour ruiner la cohésion – purement utopique – de la société islamique. Une tentative de semer la « fitna », le désordre, chez les croyants. Un nouveau complot, finalement, de cet Occident qu'on hait. Museler la femme ? Un acte pieux, un geste de légitime défense.

La femme-individu

L'Islam, dans son idéal comme dans sa pratique, est collectiviste. Il valorise non l'individu mais le groupe. Or la libération de la femme, où l'historien Georges Duby voit le phénomène le plus important du XXe siècle pour les sociétés occidentales, est l'apogée de la revendication individuelle. Elle entraîne toute une série d'autres libérations – familiale, sexuelle, économique, politique – qui se conjuguent pour métamorphoser le visage des sociétés. Ces craquements sont de mauvais augure pour des pays régis par la tradition. « La société arabo-islamique a toujours privilégié le clan, la tribu, la famille par rapport à l'individu, note l'écrivain marocain Tahar Ben Jelloun. L'individu en tant qu'entité autonome, subjective et libre, n'est pas reconnu. Dans cet esprit, toute tentative d'existence en dehors de la norme clanique – par exemple revendiquer la liberté de croire ou de ne pas croire, la séparation de la religion et de l'État, bref toute démarche vers une laïcité – est considérée comme une trahison[6]. »

L'émancipation de la femme constitue donc pour les intégristes – dernier avatar politique de l'orthodoxie musulmane poussée jusqu'à l'absurde – le mal absolu. Cette dynamique est à leurs yeux un cataclysme. Elle sape les bases de la religion, favorise la prééminence des désirs individuels sur la loi du groupe, ruine l'autorité des hommes privilégiée dans le Coran. Qui libère la femme libère tout le reste. Qui contrôle la femme assoit le pouvoir de toutes les hiérarchies, à commencer par la hiérarchie de la cellule humaine de base : la famille. Or la tyrannie d'en bas reproduit la tyrannie d'en haut : celle du régime. Le déni de tout droit à la femme fait écho au déni des droits aux citoyens. La violence qui lui est faite est une répétition des rapports de violence qui traversent toute la société.

Outre cet aspect emblématique, la position intégriste sur ce que Mao Tsé-toung appelait « la moitié du ciel » nous pose un problème aigu. Il est extrêmement difficile en effet de la considérer comme une hérésie par rapport à l'Islam, sauf dans ses manifestations meurtrières, comme en Algérie. Ailleurs, elle ne fait qu'amplifier les lectures séculaires de la tradition. Les intégristes possèdent malheureusement – terrible responsabilité des théologiens incapables de susciter une authentique réforme – tous les appuis textuels qui légitiment leur obscurantisme. On a déjà noté que le voile était à l'origine réservé aux femmes du Prophète. Mais quelle autorité religieuse a eu l'audace de le relever ? Des musulmans, par ailleurs pratiquants, me confiaient en privé qu'ils étaient parfaitement conscients des ferments obscurantistes contenus dans leur religion : « Soyons clairs, ce qui pose problème, c'est le Coran ! » s'exclamait l'un d'entre eux en me demandant, bien entendu, de taire son nom pour des raisons de sécurité. Héritier devenu fou d'un long passé, l'intégriste, en barrant aux femmes la route de l'émancipation, ne travaille pas à la renaissance de sa société mais à sa destruction. Les terribles campagnes menées contre la conférence de l'ONU sur la population, qui s'est tenue au Caire en septembre 1994, ont illustré cet appétit maladif pour la régression. Le simple fait d'y évoquer les problèmes démographiques et leurs solutions était considéré comme blasphématoire. L'idéologie de la guerre aux femmes est aussi un Djihad : celui que mènent au nom de la pudeur des tartufes haineux et suicidaires.

CHAPITRE VI

Existe-t-il un projet
de société intégriste ?

S'il y a bel et bien dans le monde musulman une dynamique intégriste, quel est le projet de société qui la met en mouvement ? À cette question, les leaders, lorsqu'ils consentent à parler, et les programmes, lorsqu'il en filtre quelque chose, ne fournissent qu'une seule réponse : la Charia, la loi islamique. Outre le fait que la loi s'interprète différemment selon les écoles juridiques – on en compte quatre dans l'Islam sunnite et une cinquième, qui est chiite –, elle ne saurait pourtant résoudre les grands problèmes auxquels sont confrontées les sociétés musulmanes : le chômage, le développement, la croissance démographique. Les islamistes jurent cependant que la Charia en est parfaitement capable. Leur force de conviction, étayée par les versets coraniques, est telle que les foules finissent par les croire. C'est ainsi que jaillissent les propositions les plus singulières. D'un pays à l'autre, elles se contredisent, voire s'annulent. Peu importe : la séduction de l'imaginaire est telle qu'elle triomphe de tout examen un tant soit peu rationnel. L'essentiel est que les islamistes proposent de remplacer la loi des hommes par la loi de Dieu. Mais fournit-elle vraiment des scénarios toniques ?

Problèmes sociaux

Tous les mouvements intégristes jurent d'éliminer le chômage et d'aider les déshérités. Pour ce faire, ils placent au centre du système socio-économique la « zakat », l'aumône légale. La « zakat » est un impôt prélevé sur les revenus des riches qui permettrait de financer des circuits d'assistance et de protection sociale. Le Front islamique du Salut algérien prône la suppression de tous les impôts en dehors de celui-ci. Pour libérer le marché du travail, il entend en exclure les femmes sauf dans les secteurs de l'éducation et de la santé et à certaines conditions. Il serait institué une aide à la femme au foyer financée par... la suppression de la police. En effet, expliquait Abassi Madani, chef de file du parti, l'application de la Charia rendrait inutile un corps de policiers.

Tout le monde ne devient pas forcément beau et gentil dans une république islamiste et l'Iran ne se reconnaît pas dans les propos du leader algérien. Téhéran a pris soin au contraire de renforcer partout sa police, laquelle veille en permanence dans l'espace public sur les bonnes mœurs islamiques. En Arabie Saoudite, la même police religieuse bastonne à tour de bras tout ce qui ne semble pas coraniquement conforme. En Afghanistan, la police dite « du Vice et de la Vertu » a poussé cette barbarie au paroxysme.

Le travail des femmes n'a pas été interdit en Iran mais il est découragé par les vexations et les brimades. Dans le secteur industriel, 430 000 femmes ont perdu leur emploi. Dans les administrations, nombre d'entre elles ont été licenciées pour « non-respect des normes vestimentaires islamiques ». Le pourcentage de femmes dans l'ensemble de la population active a baissé de 40 % en dix ans. Le résultat, bien entendu, a été un accroissement spectaculaire du chômage des femmes : un taux multiplié par 5. Les Iraniennes ont repris espoir depuis l'entrée en scène du président Khatami en 1997.

Démographie

Dans le domaine démographique, le FIS n'y va pas par quatre chemins : insensible à tous les arguments de bon sens qui prouvent que la limitation des naissances est une nécessité pour l'Algérie, il veut carrément l'interdire. « Les slogans appelant à la limitation des naissances constituent une atteinte à la dignité de l'homme, une négation de sa valeur et de la position centrale qu'il occupe dans l'univers. Dieu nous dit : "Ne tuez pas vos enfants par crainte de la pauvreté. Nous vous accorderons votre subsistance avec la leur" », peut-on lire dans le programme diffusé en Algérie mais aussi en France en mars 1989. Par quel miracle ces enfants seront-ils nourris alors que leurs futurs parents végètent déjà dans la plus grande des misères ? La « zakat », vous répète-t-on, est la clé de tous les problèmes. Le riche devra donner, via un corps de collecteurs chargés par la justice de décider de la somme en fonction des revenus. En Iran, le régime s'est vu confronté à une obligation de pragmatisme. Les naissances au-delà de trois enfants sont découragées. On n'hésite pas à supprimer le congé maternité à la quatrième grossesse.

Éducation

En matière d'enseignement, on se donnera pour tâche « de revoir tout le contenu éducatif pour en extirper toutes les idéologies et les concepts porteurs de valeurs contraires aux valeurs islamiques ». En clair, cela signifie subordonner le savoir, notamment scientifique, aux principes de la foi. Éliminer toute forme d'esprit critique. « Revoir la politique d'éducation sportive conformément aux lois de la Charia », c'est interdire le sport aux jeunes filles. Les filles, éternelles pénalisées : en Iran, l'accès des universités scientifiques leur est interdit. Chez les talibans, c'est l'accès à l'école tout court.

Santé

Dans le domaine de la santé, priorité sera donnée
« au combat contre les dépravés et les libertins consi-
dérés par la religion et confirmés par la science
comme des groupes à hauts risques de transmission
des maladies vénériennes, tels le sida et la syphilis ».
Cette manière de Djihad sanitaire prend ainsi le pas
sur les politiques de soin et de prévention. En Afghanistan, les filles d'Ève n'avaient même plus le droit
aux soins.

Culture

La politique culturelle a pour but principal « une
protection de la communauté contre toute invasion
des civilisations adverses », que ce soit par le Front
islamique du Salut, les mollahs iraniens, les talibans
de Kaboul ou les maîtres de l'Arabie. Le FIS veut
interdire la musique occidentale ou les formes de
musique locale « impudiques » comme le Raï qui fait
vibrer la jeunesse algérienne et dont les intégristes
assassinent les grands interprètes. Téhéran a proscrit
toute cassette occidentale et interdit le chant aux
femmes car ces vocalises risquent de conduire le
croyant au péché. En vain naturellement, car vingt
ans après la révolution et son échec radical, tout
Téhéran vit en secret à l'heure occidentale.

Les antennes paraboliques sont interdites en Iran

et en Arabie Saoudite, ce qui ne les a pas empêchées de prospérer sous des formes miniaturisées. Les intégristes les arrachent en Algérie, action très impopulaire. Dans les familles islamistes, il y a des accommodements avec le ciel, et le père de famille s'autorise à regarder, seul, les programmes occidentaux.

Justice

En matière de châtiments corporels, l'application stricte de la Charia est prévue. On a vu ce que donnait ce type de justice au Pakistan, en Iran, en Arabie, en Afghanistan et au Soudan. En Libye, le colonel Kadhafi, qui avait jusqu'à présent pris des libertés avec la Charia en déclarant nulle et non avenue la Sunna, la tradition musulmane, a rétabli la flagellation et l'amputation. Khomeiny résumait ainsi la bienfaisante organisation de la justice islamique :

« La justice islamique est basée sur la simplicité et la facilité. Elle résout tous les différends d'ordre pénal ou civil de la façon la plus commode, la plus élémentaire et la plus rapide qui soit. Il suffit d'un seul juge islamique se rendant dans une ville, accompagné de deux ou trois exécuteurs, d'une plume et d'un encrier, pour rendre son jugement sur n'importe quel cas et le faire mettre immédiatement à exécution. Voyez ce qu'il en coûte actuellement comme temps et comme argent à la société occidentale avec toutes ces procédures judiciaires qui entourent un jugement, au nom de principes étrangers à l'Islam [1] ! »

Condition féminine

Les femmes sont soumises aux lois coraniques : tutelle du père, puis du mari, polygamie, discrimination en matière d'héritage, accès interdit à la fonction de juge. L'âge au mariage est abaissé. L'Iran chiite a rétabli la pratique du mariage temporaire, sinistre tartuferie qui a conduit les bourreaux iraniens à violer les condamnées à mort avec la bénédiction supposée d'Allah. Le Groupe islamique armé en Algérie ne s'est pas privé de faire de même avec les jeunes filles qu'il enlève. Il est toutefois peu probable que le Front islamique du Salut institue le mariage temporaire s'il venait un jour au pouvoir en Algérie : les sunnites, dans leur immense majorité, jugent cette pratique avec réprobation. En Iran, son rétablissement a suscité de violentes polémiques, au sein même de l'establishment religieux.

Économie

L'économie islamiste fonctionne, elle aussi, au rythme de la Charia. Elle interdit le prêt avec intérêt, l'usure étant considérée comme un péché majeur par le Coran :

« Ceux qui se nourrissent de l'usure se dresseront au jour du Jugement, comme se dresse celui que le démon a violemment frappé. Dieu a permis la vente et il a interdit l'usure[2]. »

Célébrée dans tous les programmes islamistes, cette moralisation financière a débouché sur des catastrophes dans la plupart des pays où elle a été appliquée. En Égypte, des sociétés islamiques de placements ont provoqué la ruine de milliers d'épargnants. Au Pakistan, lors de l'instauration de la Charia en 1992 par le Premier ministre de l'époque, Nawaz Sharif, les banques, obligées de rembourser tous les intérêts perçus pendant les cinq années précédentes, ont été acculées à la faillite. Ailleurs, en Iran, en Arabie, la piété n'empêche pas les combines. Pour parvenir à travailler normalement, les banquiers, sans cesse contraints de recourir aux religieux, seuls aptes à décider du bien-fondé de telle ou telle pratique, tentent de biaiser : « On verse des commissions, on rémunère les épargnants avec des cadeaux qui sont autant d'intérêts déguisés », souligne Patrice Piquard dans une enquête sur les « banquiers d'Allah[3] ». Pis : « Nombreux sont ceux qui respectent la loi dans leur pays mais n'hésitent pas à confier une part des fonds qui leur sont confiés chez leurs confrères occidentaux, via des sociétés implantées aux Bahamas ou aux Caïmans... » L'expansion du terrorisme international n'a été possible que grâce à la nébuleuse financière d'Oussama Ben Laden. Où l'on voit que la pseudo-« économie islamique » s'accompagne fort bien du blanchiment de l'argent de la drogue et de la spéculation boursière sur toutes les places internationales.

Système politique

Le type de régime prôné par les intégristes au Maghreb est extrêmement contradictoire. Abassi Madani, dans une de ses interviews[4], a magistralement cultivé l'ambiguïté. D'un côté, il assure que « la Charia ne nie pas l'existence d'une opposition » et dit ne pas refuser « la légalité parlementaire ». De l'autre, il exprime sa nostalgie du califat, type traditionnel de gouvernement islamique. L'empire ottoman était un califat dont l'Algérie constituait une des provinces au moment de la conquête française de 1830. Subtilement questionné par le journaliste Slimane Zeghidour qui lui faisait valoir que l'Algérie d'avant 1830 n'avait donc rien d'un État indépendant, Abassi Madani affirme : « Le califat incarne l'unité fondamentale de la Umma. Cette unité est au cœur de la nation musulmane. »

Trois ans plus tard, en pleine guerre civile, les groupes armés revendiqueront l'« instauration du califat en Algérie » et désigneront même son chef : un obscur émir.

L'Iran est une république gouvernée par deux hommes : le président, élu au suffrage universel, et le « Guide de la Révolution ». Ce dernier est désigné par un « Conseil des experts » composé de 84 théologiens. Il s'agit bel et bien d'un système parlementaire, mais la Constitution ne s'appuie que sur la loi islamique. Par décret du 7 janvier 1988, Khomeiny définit le mode de fonctionnement du régime : « Le gouvernement, qui est une branche de l'autorité absolue du Prophète de Dieu, relève d'une des institutions fondamentales de l'Islam et précède toutes les autres institutions qui peuvent être considérées comme des branches secondaires. » Il ne pouvait évidemment prévoir le raz de marée populaire qui a porté Mohamed Khatami à la présidence. Mais ce réformateur a les mains liées par le fameux « Conseil des Experts ».

Deux conclusions s'imposent à l'examen de ces divers éléments. Premièrement, là où l'intégrisme lutte pour prendre le pouvoir, son projet est un patchwork de dispositions incohérentes, inaptes à la gestion d'un pays. Ce n'est pas le contenu du discours qui séduit les masses mais son verbe et sa référence incantatoire à l'Islam.

Certains analystes estiment donc que l'intégrisme, si on le laissait gouverner, se détruirait de lui-même en faisant la preuve de son inefficacité. C'est un pari dangereux. Car la démocratie est une notion récusée par les islamistes. Le cheikh Sahraoui, l'un des fondateurs du FIS, assassiné à Paris en juillet 1995, était considéré comme un modéré. Il affirmait cependant : « La démocratie, pour nous, est une technique, pas une valeur. » Ali Belhadj, leader charismatique du mouvement, a toujours été extrêmement clair : « La démocratie est un concept étranger, un mot qui n'existe dans aucun dictionnaire de langue arabe, ni dans le Coran, ni dans la Sunna. »

Deuxièmement, là où l'intégrisme a effectivement conquis le pouvoir, il l'a assis avec des méthodes totalitaires. La Charia n'a apporté aucune réponse aux problèmes sociaux et économiques. Pour se dédouaner de l'enfreindre en coulisse, notamment dans les circuits bancaires, on l'a appliquée de façon barbare dans le domaine des mœurs.

L'intégrisme est une utopie qui tire sa force de son irréalité. Il lui est possible d'abaisser les femmes, d'abêtir l'enseignement, de faire la chasse aux déviants. Il lui est impossible de résoudre le problème du chômage, du logement, de la surpopulation. Il lui est possible, dans certaines conditions extrêmes, de parvenir au pouvoir. Il lui est impossible de conserver une légitimité populaire, sauf à cultiver, si les moyens de l'État le permettent, une idéologie de guerre : contre un pays voisin ou contre l'Occident. Le bonheur par l'islamisme est un mythe. Il y a des intégristes combatifs et des peuples enchantés, au sens magique du terme. Il n'y aura jamais d'intégristes heureux.

CHAPITRE VII

Quelle est la nature
de l'Internationale islamiste ?

La notion d'Internationale islamiste a subi des métamorphoses étonnantes en plusieurs décennies. Dans les années 80, les observateurs commentaient avec inquiétude son maillage idéologique et opérationnel. Ils lui donnaient alors comme centres Téhéran puis Khartoum. Dans les années 90, au contraire, il ne fut plus question que de son irréalité. L'Internationale intégriste n'aurait constitué qu'un fantasme occidental et la dangerosité de l'islamisme militant se serait mystérieusement évanouie. La mise en évidence de réseaux largement mondialisés, dans le sillage des attentats du 11 septembre 2001 sur le sol américain, imposa à nouveau le fameux concept. On se frappa la poitrine en culpabilisant ferme : des politologues à la CIA en panne d'espions, tout le monde s'était trompé. Mais, dans les interstices de la coupable léthargie occidentale, les « réseaux dormants » du terrorisme, eux, ne ronflaient pas du tout. Mobiles, bondissants, déterminés, ils peaufinaient, partout, leurs mortelles stratégies.

Ces variations d'appréciation dans le temps ne sont pas fortuites. Bien sûr, elles portent la marque des événements qui ont émaillé les vingt-cinq dernières années, de l'apogée de la révolution iranienne en 1980 à la nausée née de la tragédie algérienne à la fin du millénaire. Mais plus profondément, si les analyses se contredisent d'une époque à la suivante (alors que l'intégrisme continue à prospérer), c'est que les pistes ont été brouillées.

En effet, durablement marqués par l'ère désormais révolue de l'Internationale communiste, nous **avons** plaqué son modèle, ses hiérarchies, son fonctionnement sur la Umma de l'activisme musulman. Cette explication satisfaisait notre confort intellectuel : elle avait l'avantage de donner un centre repérable à un danger diffus. Or les centres ne cessèrent d'évoluer et leurs « satellites » de s'autonomiser toujours plus. Ainsi, s'il est incontestable que Téhéran joua un rôle emblématique pour toutes sortes de mouvements, Khartoum n'eut de cesse de lui voler la première place à partir de 1990. Notamment en accueillant Oussama Ben Laden sur son territoire et en lui permettant d'implanter au Soudan ses camps d'entraînement. Mais ce nouveau centre lui-même finira par devenir obsolète lorsque Ben Laden s'installera chez les talibans, conférant de cette manière à l'Afghanistan le statut de nouvelle Mecque de l'islamisme. Autrement dit, la notion d'Internationale se redéfinit sans cesse en même temps que sa nature. Elle est sujette à des glissements successifs : apparitions, évanouissements, nouvelles apparitions de figures

symboliques. Et, à chaque étape, de l'ayatollah Khomeiny à Ben Laden en passant par Hassan al-Tou-
rabi au Soudan, il s'est produit un virage de plus en
plus dramatique.

Résumons. En 1979, la révolution iranienne, malgré son outrance, se voulait porteuse d'un projet
politique. En 1989, l'idéologie véhiculée par le Soudanais Tourabi, alors éminence grise du régime,
s'appuyait encore sur un semblant de principes organisés. Tourabi lui-même reprochait au Front islamique du Salut algérien son caractère de « mouvement
immature ». Certes, le mollah iranien et le professeur
soudanais (qui se souvenait avec émotion de ses
années d'études en Sorbonne) n'étaient rien d'autre
que les chantres de la tyrannie islamiste. Mais aucun
des deux n'avait atteint le stade ultime revendiqué
par la troisième et dernière figure : Oussama Ben
Laden.

Car – différence de taille, saut vertigineux dans
une nouvelle dimension – Ben Laden s'est fait le
prophète de la destruction par l'autodestruction.
Entre 1979 et 2002, l'épicentre émotionnel des
mouvements islamistes a basculé. La nature de l'Internationale fut d'abord insurrectionnelle : il s'agissait, grâce au combat des moudjahidins, de changer
radicalement le monde. Il semble qu'elle soit désormais nihiliste : il s'agit, grâce au sacrifice des « martyrs », de détruire ce monde. Cette mutation modifie
du tout au tout tactiques, implantation, propagande
et objectifs. L'Internationale islamiste est désormais

placée sous le signe mortifère de mots d'ordre anarcho-terroristes.

Ce qui nous amène à poser deux questions vitales :

1. Les régimes actuellement en place dans les pays musulmans peuvent-ils être détruits par cette mondialisation du déluge ? Ou bien la gravité de la menace leur permettra-t-elle, tel un électrochoc, d'effectuer les réformes politiques nécessaires pour souder les populations non autour du fantasme de mort mais autour du souffle de vie ?

2. Verra-t-on l'Internationale intégriste elle-même éclater en plusieurs courants, nombre de militants finissant peut-être, devant les conséquences de ces équipées sauvages, par réaliser l'absurdité d'une lutte de ce genre ? On reviendrait ainsi, par une sorte de phénomène cyclique, à l'une des caractéristiques de l'histoire islamique : la dissémination des centres et la concurrence acharnée des courants.

Réseaux disséminés et centres concurrents

Les Frères musulmans égyptiens, en instituant, dès l'aube de leur mouvement, une « section de liaison avec le monde islamique », comptaient sur une stratégie unifiée. En fait, si leur idéologie s'est effectivement répandue comme une traînée de poudre, il s'est créé en revanche une multitude de courants, puis de réseaux qui ont vite cessé de se réclamer d'un centre unique. Que ce soit au Maghreb, au Proche-

Orient, au Pakistan et en Afghanistan, ils prospéraient pourtant grâce aux fonds alloués par l'Arabie et sa Ligue islamique mondiale fondée en 1962. C'était donc tout naturellement la rigide doctrine wahhabite du royaume saoudien qui inspirait les militants. Mais sous des formes politiques très diverses. « Les Saoudiens, explique Olivier Roy, s'en étaient remis à des réseaux sunnites qu'ils finançaient sur la base de relations personnelles, voire de clientélisme, plutôt que dans le cadre d'une stratégie bien réfléchie. L'Arabie Saoudite s'est ainsi trouvée financer soit des réseaux fondamentalistes certes conservateurs, mais violemment anti-occidentaux, soit des groupes islamistes beaucoup plus radicaux qui, eux, revendiquaient le pouvoir politique[1]. » Exemple : en Algérie, le chef du mouvement Hamas, modéré par rapport au FIS, est un Frère musulman, donc dans la mouvance saoudienne. Mais le FIS aussi entretenait d'excellentes relations avec Djeddah. Abassi Madani et Ali Belhadj faisaient de fréquents séjours en Arabie.

Ironie de l'histoire, leurs bons maîtres bénéficiaient du soutien aveugle des États-Unis. Les Saoudiens ont pu avancer leurs pions dans les communautés musulmanes du monde entier avec la complicité des États-Unis qui, du temps de la guerre froide, voyaient un excellent moyen de combattre les velléités socialistes en favorisant les islamistes. Washington, tout occupé à récupérer l'Égypte dans sa sphère d'influence, a vu d'un bon œil le président Sadate mater les nostalgiques du nassérisme en lâchant sur les campus des islamistes enfin libres de prêcher comme ils voulaient. Jusqu'à ce que Sadate tombe sous leurs coups... Pendant la guerre d'Afghanistan contre l'occupant soviétique, l'Occident a massivement soutenu les différentes factions de moudjahidins sans se soucier de la société qu'elles voulaient instaurer, et encore moins de leurs divisions internes. Bilan depuis le départ des Soviétiques de Kaboul : des dizaines de milliers de morts, une guerre civile, une tyrannie, puis une guerre mondiale ! Les atrocités de la monarchie saoudienne laissent de marbre les dirigeants américains. Tout comme les Français qui y négocient de juteux contrats en se gardant bien d'évoquer la barbarie qui sévit dans le royaume. Les dissidents soviétiques avaient eu plus de chance que les victimes de l'intégrisme saoudien : à chaque déplacement, la diplomatie française emportait une liste des hommes et des femmes dont le sort importait à l'Occident. Après avoir joué hier avec le feu, soufflant sur les braises de l'islamisme politique, l'Occident s'est caractérisé jusqu'au choc de l'automne 2001 par sa remarquable inertie.

C'est évidemment la révolution iranienne qui a brouillé les pistes dès le début des années 80. Les courants et les réseaux se sont divisés et éparpillés, qui en regardant vers Téhéran, qui en restant les yeux fixés sur l'Arabie, qui en découvrant les séductions de Khartoum. Il s'est donc toujours livré une furieuse bataille de mots – voire de moyens – autour du contrôle d'une éventuelle Internationale par les différents centres concurrents.

Téhéran se veut le phare de la révolution islamique mondiale et cherche à transcender le clivage religieux entre chiites et sunnites. Mais, dans les faits, ce sont surtout les groupes issus de communautés chiites qui vont se réclamer officiellement de la révolution iranienne. Le plus fameux et le plus structuré sera le Hezbollah libanais. Il va s'illustrer dans les enlèvements d'Occidentaux. L'affaire des otages est de loin celle où la main de l'Iran est la plus reconnaissable. Les attentats anti-américains et anti-français sont directement organisés par des « Pasdarans », combattants, venus de Téhéran. À partir de ces tragédies, la conviction que l'Iran tire les ficelles du terrorisme international s'imposera dans le monde entier. À tort. Téhéran n'a la haute main que sur certains groupes. La Syrie et la Libye, qui détestent les intégristes, se serviront pourtant d'eux. Au Liban, encore, la milice chiite Amal est pro-syrienne.

L'Iran organise en 1990 une conférence internationale où les ayatollahs présentent une Charte de l'unité. Ils tentent d'autant plus d'enfoncer le clou qu'ils savent cette unité fictive. Elle est compromise par les menées de l'Arabie Saoudite pour qui l'Iran est l'ennemi absolu et réciproquement. Une fatwa saoudienne a même décrété le chiisme « hérésie ». Les Frères musulmans resteront dans le giron de l'Arabie jusqu'à la guerre du Golfe, même si certains groupes font dissidence et entrent en relation avec l'Iran. Certes, en Algérie, une tendance pro-iranienne a également surgi. Quelques militants islamistes en sont même venus à se « convertir » au chiisme, ce dont on retrouve la trace aujourd'hui au sein de plusieurs groupes armés. Mais, jusqu'en 1990, l'ami de la plupart des islamistes du monde sunnite reste le royaume saoudien.

La guerre du Golfe va introduire un nouvel élément de division. Ulcérés par la collaboration des Saoudiens avec les « croisés occidentaux », les Frères musulmans se détachent de l'Arabie. Même processus chez les intégristes du Maghreb. Cela leur vaudra l'interruption de tout soutien financier de Djeddah. Il ne sera pas remplacé par celui de l'Iran car l'organisation d'une aide matérielle implique des relais et des structures dont Téhéran ne dispose qu'en terre chiite. Si la République islamique aide les intégristes maghrébins, c'est de façon symbolique, ou bien, lors de demandes répétées des leaders en exil, au compte-gouttes. Un rapport interne du FIS a effectivement fait état en 1994 de sommes allouées à Anwar Haddam, porte-parole du FIS à Washington, mais c'était pour l'accuser d'avoir dilapidé cet argent dont personne n'a jamais su à combien il se montait.

Il semble, en fait, que la guérilla algérienne s'autofinance grâce à un système mafieux. C'est par l'extorsion de fonds à la population et des trafics à grande échelle que les pseudo-moudjahidins assurent la pérennité de la terreur.

« Les bandes armées sont des PME en pleine expansion [2] », écrit le chercheur Luis Martinez dans une enquête sur l'économie secrète des groupes islamistes. On constate ainsi que la thèse du financement international n'explique pas tout.

Tandis que l'Iran et l'Arabie rivalisaient de propagande adverse, un autre centre, non politique mais
combattant, parvint à se former à l'occasion de la
guerre d'Afghanistan contre les Soviétiques d'abord,
puis lors de la guerre civile qui vit triompher les
talibans en 1996. Là, effectivement, remettant leurs
différends à plus tard, des militants intégristes du
monde entier viendront prendre des leçons de Djihad sur le vif. La guerre d'Afghanistan a servi incontestablement de terrain d'entraînement à toute une
génération d'islamistes. Au Pakistan, Peshawar, la
ville frontière avec l'Afghanistan, est ainsi devenue
le cœur d'une véritable légion islamique. Algériens,
Tunisiens, Égyptiens, Jordaniens, Libyens, musulmans américains et chinois se retrouvent dans cette
ville livrée à la loi des armes et de la guerre sainte.
« Les pays arabes tremblent face à la révolution islamique entamée ici même[3] », confiait, en 1993 déjà,
au journaliste Olivier Weber le responsable afghan
de la Ligue islamique mondiale. La guerre d'Afghanistan a non seulement joué un rôle important pour
de nombreux chefs du FIS algérien, les célèbres « Afghans », qui en sont revenus auréolés de gloire, mais
a inspiré nombre de jeunes musulmans européens
partis s'entraîner du côté de Peshawar dans des
camps spéciaux que les autorités pakistanaises laissè-
rent pulluler avec bienveillance. Pour la bonne raison que ces petits soldats de la guerre sainte
combattaient aux côtés de leurs alliés talibans. Là-
bas, l'action soudait ceux qu'un centre politique fan-
tôme était impuissant à gérer.

Du Pakistan à la Chine

L'intégrisme est une donnée très ancienne au Pakistan. Dès les années 30, avant la création de l'État, le penseur islamiste Maududi développe des théories qui seront exportées dans le monde entier. C'est en 1941 qu'il crée la Jamaat-e-Islami. Plus tard, la rhétorique n'aura aucun mal à s'imposer dans ce pays neuf, créé tout spécialement pour les musulmans. L'identité y est strictement religieuse. Le général Zia, dans les années 70, rétablira les châtiments corporels qui n'ont toujours pas été abolis aujourd'hui. La pression des intégristes pèsera lourdement sur Benazir Bhutto durant ses deux mandats de Premier ministre, entre 1988 et 1990 et de 1993 à 1996. C'est au Pakistan, ne l'oublions pas, qu'a démarré l'affaire Rushdie.

La très puissante Jamaat-e-Islami a soutenu les moudjahidins afghans. Lorsque les Soviétiques ont battu en retraite, les intégristes pakistanais ont donné leur appui au fanatique Gulbuddin Hekmatyar. Ils ont donc une responsabilité directe dans l'affrontement interafghan qui a fait des dizaines de milliers de morts. La virulence de l'interventionnisme pakistanais s'explique par le désir de pousser toujours plus loin son influence vers l'Asie centrale. À l'autre bout du pays, en effet, l'Inde, ennemi héréditaire du Pakistan, lui barre l'horizon. Le Cachemire, État indien que revendiquent les séparatistes musulmans avec le soutien logistique du Pakistan et celui de l'Iran, est le théâtre d'une guerre sans fin. Livrée à l'anarchie d'une mosaïque de guérillas, toute la région, du Cachemire à l'Afghanistan, s'est transformée en poudrière. Islamabad feint de gouverner mais de terribles affrontements entre factions rivales font des milliers de morts à Karachi. L'État, comme les intégristes, a ainsi actionné une interrégionale du déluge qui risque d'engloutir le Pakistan lui-même. On a pu en juger lors du déclenchement des frappes américaines contre le régime taliban. Allié des États-Unis, le général Musharraf, président du Pakistan, est directement menacé par le décalage entre ses options pro-occidentales et une opinion massivement acquise à l'intégrisme.

Dans les ex-républiques musulmanes soviétiques, la renaissance islamique n'a pas manqué d'intéresser Téhéran. Ces pays comptent en effet d'importantes communautés chiites et l'Iran y livre une bataille d'influence qui l'oppose à la Turquie et à l'Arabie Saoudite. Au Tadjikistan, dès 1985, des mollahs distribuaient des textes de Khomeiny. Mais l'insurrection islamiste de 1991-1992, matée par les forces pro-communistes, a fait 100 000 morts. L'espoir de voir s'établir un régime islamique allié de Téhéran est pratiquement anéanti. En Azerbaïdjan, chiite à 75 %, les espérances de Téhéran étaient d'autant plus vives que l'establishment religieux en Iran compte de nombreux ayatollahs d'origine azéri. Néanmoins, aucun succès significatif n'a été enregistré. La riposte américaine d'octobre 2001 a, là encore, bouleversé toutes les données en faisant de l'Ouzbékistan et du Tadjikistan des têtes de pont pour les forces de la coalition antiterroriste contre Kaboul et Oussama Ben Laden.

En Afrique, le Soudan, classé État terroriste par le Département d'État américain, dispose de cartes maîtresses pour devenir une puissance régionale. Le plus grand pays d'Afrique, même s'il est aujourd'hui l'un des plus pauvres de la planète, possède des gisements pétroliers considérables. Ses réseaux d'influence sont déjà implantés en Éthiopie et au Nigeria. Au Sahel, le Mali, le Niger, le Nord Cameroun pourraient être tentés par le modèle soudanais. L'islamisme avance à pas de géants dans toute l'Afrique subsaharienne. Le continent noir compte 380 millions de musulmans et vingt-deux pays d'Afrique subsaharienne font partie de l'organisation de la Conférence islamique.

Au Maghreb, islamistes algériens, tunisiens et marocains ne font qu'un. Des procès ont mis en lumière au Maroc le stockage d'armes au profit du FIS. Plus généralement, les relations se dissimulent derrière un alibi commercial. « Une nuée d'islamistes algériens sont des trabendistes, des contrebandiers, des piliers du marché noir », explique Ahmed Rouadjia [4], un bon observateur de la nébuleuse intégriste. « Par d'incessants allers-retours entre l'Algérie et le Maroc, ils ont mis en place un formidable dispositif d'espionnage de la réalité marocaine, via les commerçants. Ce système n'est pas neuf. Il s'inspire des techniques de la guerre d'indépendance comme de celles des services spéciaux algériens. »

On échange donc de l'argent et des informations. Pendant la guerre du Golfe, lorsque des militaires marocains ont voulu manifester leur opposition au roi engagé aux côtés des Saoudiens contre Saddam Hussein, ils ont gagné l'Algérie où le FIS tenait alors le haut du pavé.

En Tunisie, les islamistes ont été soutenus matériellement et financièrement par le FIS au moment où il était légal en Algérie. Les Frères des deux pays traversaient régulièrement la frontière, ce qui a provoqué de graves incidents. Une importante cache d'armes destinées aux Algériens a été découverte en Tunisie centrale début 1994[5]. Par ailleurs, loin du terrain, dans son exil londonien, le leader islamiste tunisien Rached Ghannouchi est en liaison constante avec ses homologues du FIS qui l'avaient accueilli à Alger en 1989 lorsqu'il fuyait la Tunisie, condamné par le président Ben Ali.

Enfin, le tableau ne serait pas exhaustif si l'on n'évoquait pas les risques d'embrasement en Asie du Sud-Est. Premier pays musulman du monde avec 180 millions d'habitants, l'Indonésie, après avoir longtemps vécu au rythme d'un Islam paisible, est aujourd'hui entraînée dans la même spirale que le lointain monde arabe. Confronté à la contestation violente du Djihad local, le régime n'a trouvé d'autre réponse, là aussi, que la réislamisation du pays. Ce qui n'empêche pas la guérilla intégriste de faire rage à Sumatra, sur fond de revendication indépendantiste, aux Moluques sur fond de haine anti-chrétienne. À Djakarta, la Charia vient d'être partiellement instituée. On a ouvert des banques islamiques, jeté en prison des journalistes pour « blasphème ». La fièvre s'étend à la Malaisie où l'Islam est religion d'État malgré 53 % seulement de musulmans. La polygamie est officielle depuis 1985 et l'alcool prohibé. Au nord du pays, la province du Kelantan est entièrement aux mains des fondamentalistes. Cette onde de choc se répercute jusqu'en Thaïlande, pays frontalier de la Malaisie. Les quatre provinces musulmanes vivent depuis quelques années une situation à l'algérienne due aux guérilleros islamistes : écoles brûlées, attaques de trains, affrontements avec l'armée.

Aux Philippines, archipel chrétien, la minorité musulmane est surtout concentrée dans les îles du sud. C'est dans l'une d'entre d'elles, Mindanao, qu'a surgi au début des années 70 un front de libération islamique qui s'est donné le nom de « Moro », « Maure », attribué jadis à ces insulaires mahométans par le colonisateur espagnol. Une véritable guerre oppose le gouvernement philippin aux moudjahidins Moros soutenus par Tripoli et Téhéran et surtout aux groupes Abu Sayaf financés par Oussama Ben Laden.

Le cyclone n'épargne donc pas l'Islam tropical. Il y a déjà fait des dizaines de milliers de morts. L'évolution de l'Indonésie sera capitale non seulement pour l'Asie du Sud-Est mais pour le monde entier. En Chine, l'irrédentisme des Ouïgours, les musulmans du Sin-Kiang, inquiète Pékin. Une déferlante islamiste en Extrême-Orient fermerait un horizon de plus et ajouterait un nouveau centre à la liste déjà longue des capitales emblématiques.

CHAPITRE VIII

Un pays musulman peut-il résister
à l'intégrisme ?

Y a-t-il une recette pour se débarrasser de l'intégrisme ? Cette question obsède aujourd'hui la plupart des chefs d'État musulmans. Le 21 octobre 1994, à Rabat, quarante et un ministres des Affaires islamiques se réunissaient pour « affronter les courants déviationnistes qui infiltrent les minorités musulmanes et la jeunesse ». La bataille sera rude – si tant est qu'elle se déclenche –, car les régimes, nous l'avons vu, ont eux-mêmes participé à la réislamisation de leurs sociétés. En fait, à la lueur des différentes expériences, trois types d'attitudes se dégagent.

La première est la répression intégrale. Nous avons déjà analysé ses effets : s'ils ne portent que sur les groupes armés et négligent toute réforme politique (comme en Algérie), ils ne parviendront pas à supprimer la tentation intégriste.

La seconde attitude consiste à s'appuyer sur l'Islam pour décourager les velléités intégristes. Le seul pays qui semble les avoir jusqu'ici contenues par ce

biais est le Maroc. Tester les chances et les faiblesses
de cette politique est donc instructif.

La troisième recette est celle qu'Ataturk appliqua
dès 1924 à son pays : la transformation d'une société
musulmane en société laïque. L'originalité de la Turquie – seul pays musulman à s'être doté d'une
Constitution à l'européenne – la préserve-t-elle du
maelström intégriste ? Là aussi, l'analyse de la situation actuelle nous fournit de précieux éléments de
réponse. On s'en tiendra volontairement à l'observation de ces deux pays. Ils incarnent en effet deux
modes de traitement radicalement opposés de l'identité – hyper-musulmane au Maroc, ultra-laïque en
Turquie –, mais dessinent, chacun à leur manière,
les contours et les limites de la résistance à l'intégrisme.

Maroc : *l'Islam contre l'islamisme*

Mohamed VI est, comme son père Hassan II, et
tous ses ancêtres de la dynastie alaouite qui règne
depuis le XVIᵉ siècle, le Commandeur des Croyants,
descendant du Prophète. Ce titre le met à l'abri des
crises de légitimité bien plus sûrement que celui de
Raïs, leader ou président dans la langue arabe. C'est
le sultan, puis le roi, version moderne du sultan,
qui a personnifié l'existence très ancienne du Maroc
comme État-nation. Avant l'arrivée des Français, le
pays profond était dominé par l'esprit du « Bled-
Makhzen », (terre soumise à la monarchie) qui

impliquait le paiement de l'impôt à la Cour et la fourniture de contingents de combattants au sultan. On y oppose historiquement le « Bled-Siba » (terre de rébellion) qui fomentait contre le pouvoir central des révoltes sporadiques. Cependant, même dans ces circonstances, la prière, dans les mosquées des tribus contestataires, se faisait au nom du sultan. L'autorité religieuse du monarque n'était jamais récusée. Elle constituait une sorte de référence suprême planant au-dessus de toutes les autres qui, en fin de compte, garantissait l'unité du pays. D'où le soin que prit Lyautey à préserver au Maroc le concept d'État en y instaurant le protectorat et non l'administration directe de la France comme en Algérie. Malgré la colonisation, le Maroc a vu son identité beaucoup moins compromise que celle de son voisin. Il est resté fier de sa tradition religieuse symbolisée, côté pouvoir, par le Commandeur des Croyants, et, côté intellectuel, par l'université Karaouine, à Fès, et ses docteurs de la foi, les ulémas. Les deux domaines étaient reliés par un cordon ombilical, le sultan, puis le roi demeurant le référent des ulémas.

Ce tableau reste encore aujourd'hui exact dans ses grandes esquisses. Non qu'il faille sous-estimer les possibilités de l'islamisme au Maroc – elles existent, nous allons le voir –, mais le caractère strictement religieux de leur discours se trouve singulièrement limité. Alors que les intégristes du Groupe islamique armé algérien prônent le « rétablissement du cali- fat », cette revendication est exclue de l'arsenal des militants marocains. Car le califat est un mode de gouvernement par un chef religieux. Le calife est celui qui dirige la prière des croyants. Or c'est le roi qui dirige ès qualités la prière de tous les croyants marocains. Le pouvoir politique ne fait qu'un avec le pouvoir religieux. Il est assez paradoxal de constater que le pays du Maghreb le plus appuyé par l'Occident et celui dont on loue sans cesse les efforts vers la modernité est précisément le pays où s'exprime avec le plus d'éclat le lien indissoluble entre le temporel et le spirituel. Bien plus que l'Égypte, que l'Algérie, que la majorité des pays arabes où existe, *de facto*, une séparation entre le chef de l'État et les religieux, le Maroc est donc l'expression vivante d'un mode de gouvernement islamique, aux antipodes de la laïcité occidentale. Même la dynastie saoudienne ne peut entrer en concurrence avec Mohamed VI : le roi Fahd n'est que le descendant d'un obscur émir de la province du Najd. Anxieux de se donner une légitimité religieuse, il s'est octroyé le titre pompeux de « Gardien des Lieux saints et des deux mosquées » (celles de La Mecque et de Médine). Sur le plan religieux, ça ne va pas chercher très loin : les maîtres de l'Arabie ne sont que des chefs de tribus ayant eu l'opportunité de se trouver sur les lieux mêmes de la révélation coranique. Ils n'assoient guère leur pouvoir que sur une aire géographique où Allah a fait naître le Prophète... et couler l'or noir. D'où la très sérieuse menace que font planer les islamistes saoudiens sur la monarchie. Il y a toujours plus intégriste que le roi.

Mais peut-on faire plus islamique que le roi du

Maroc ? Plus islamique que le « Code du statut personnel » promulgué en 1957 ? Plus islamique que ce Comité Al-Qods (Comité Jérusalem) créé en 1979 par Hassan II et dont l'objet est d'œuvrer à la libération de Jérusalem, « second Lieu saint de l'Islam » ? Plus islamique que l'extraordinaire mosquée Hassan II de Casablanca, ouverte aux fidèles en 1993, et dont le roi a voulu faire l'un des phares de l'architecture musulmane dans le monde ? Légitimé par son ascendance comme par ces démonstrations spectaculaires de sa foi, Hassan II a pu s'autoriser ainsi des incursions dans la modernité qui auraient été fatales ailleurs et pour tout autre que lui.

Sur le plan international d'abord, il a été l'un des pionniers du difficile rapprochement israélo-palestinien. Dès 1974, il recevait secrètement Yitzhak Rabin. En 1986, il accueillait, très officiellement cette fois, Shimon Peres. Rompant avec le discours antisémite de tous les pays arabes, il protégeait ce qui restait de la communauté juive marocaine et encourageait ceux qui étaient partis à revoir sans crainte leur sol natal à l'occasion des pèlerinages sur la tombe des rabbins marocains vénérés par la tradition juive. Tout en animant le Comité Al-Qods, il s'engageait de plus en plus activement dans le processus de paix, devenant aux yeux de l'Occident et d'Israël un précieux relais du dialogue dans le monde arabe, aux côtés de l'Égypte et de la Jordanie. On sait que l'intégrisme a fait de la question antijuive et antisioniste, son cheval de bataille le plus écumant. La signature, le 13 septembre 1993, à Washington,

de l'accord de paix israélo-palestinien, a été dénoncée par tous les mouvements islamistes. Ce fut donc
un pari courageux que la politique assumée par Hassan II, dirigeant d'un pays frontalier de la chaotique
Algérie. Cet investissement dans un apaisement des
tensions au Proche-Orient valut évidemment au roi
le soutien de Washington. Il eut donc pour corollaire d'orienter le Maroc, non vers le Sud, mais vers
le Nord, ce qui est à l'opposé exact de la politique
toujours pratiquée par l'Algérie. C'est Rabat qui est
aujourd'hui la capitale symbole de cette alliance des
civilisations dénoncée comme une trahison par les
islamistes.

Sur le plan intérieur, ensuite, Hassan II a été sensible aux appels des féministes. En 1992, il n'a pas
craint de déconcerter les religieux en donnant satis-
faction aux femmes sur quelques points du « Code
du statut personnel ». Celles-ci, même lorsqu'elles
militent dans les partis d'opposition, s'avouent beaucoup plus confiantes dans le Commandeur des
Croyants pour faire avancer leurs revendications que
dans leur propre famille politique. Enfin, il a tenu
à affirmer officiellement la nullité religieuse de la
République islamique d'Iran. En 1980, il créait un
Haut Conseil des ulémas qui émettait immédiatement une fatwa, un avis juridique, selon laquelle les
théories de l'ayatollah Khomeiny étaient contraires
à la foi musulmane. Toutefois, Hassan II estimait
aussi que c'est la méconnaissance par le Shah du
facteur religieux qui a précipité sa chute. « Le Shah
a voulu gouverner avec le glaive mais sans et même

contre le goupillon, déclarait le roi du Maroc en 1980. Si le Shah avait accepté de ne pas jouer exclusivement la carte de la laïcité, les imams, dans leur quasi-totalité, l'auraient suivi [1]. » C'est pourquoi le royaume n'a aucunement l'intention de suivre une quelconque évolution laïque. Si une émancipation de la femme a des chances de voir le jour, ce sera à travers le prisme de la religion réinterprétée par le roi, son premier exégète.

Tout cela suffit-il à protéger le Maroc de l'intégrisme ? Pas totalement. Certes, le roi, par sa seule personnalité, est un garant de stabilité. Même le leader des islamistes tunisiens, Rached Ghannouchi, déclarait au Caire, en octobre 1988, qu'Hassan II était le seul dirigeant légitime au Maghreb, sur le plan religieux. Mais les failles à travers lesquelles s'engouffre la contestation sont bel et bien là.

Les réformes sociales tardent à venir : c'est le point faible du régime. Il est significatif qu'Hassan II n'ait pas mentionné les inégalités dans son analyse de la chute du Shah d'Iran. Au Maroc, le taux d'analphabétisme est effarant : plus de 40 % chez les hommes, 67,3 % chez les femmes. L'avènement d'une classe moyenne, soutien du régime, ne peut masquer la pauvreté de la paysannerie, première victime des sécheresses périodiques qui sévissent dans la région. La démographie galopante amène sur un marché du travail saturé des couches de jeunes diplômés promis au chômage. Les perspectives d'avenir sont, dans les facultés, de plus en plus sombres. Or c'est précisément chez les étudiants que les islamistes ont toujours recruté en premier. Compte tenu de ces facteurs, quelle peut être leur marge de manœuvre au Maroc ?

En 1995, l'intégrisme en était à sa phase de lancement. Mais, en 2001, il a poussé dru sur son terreau habituel : la misère, le découragement, la soif de justice. Hier, ses leaders étaient pratiquement des inconnus pour la grande masse des Marocains. Aujourd'hui, ils incarnent une opposition structurée et combative.

Barbe fine, djellabah blanche brodée d'un liséré d'or, Abdellilah Benkirane fut le fondateur du mouvement « Al Islah wa Tajdid », Réforme et Renouveau. Ses militants parcourent les universités marocaines pour y prêcher la bonne parole. Le petit livre bleu qui réclame l'application de la Charia a été tiré à 100 000 exemplaires. Leur journal, *Arraya, Le drapeau*, est librement vendu en kiosque. Car Benkirane, après avoir flirté en début de carrière avec la violence, joue aujourd'hui la carte légaliste : « Au départ, notre mouvement était subversif et révolutionnaire. Ce stade est dépassé. La monarchie est une nécessité, historique, politique et sociale pour les Marocains. » On ne peut pas mieux exprimer la difficulté dialectique de contester le Commandeur des Croyants.

L'organisation rivale, « Al Adl Wa Ihsane », Justice et Bienfaisance, est encore plus puissante. Elle a son petit prophète, le vieil Abdessalam Yassine. Hassan II le considérait comme un authentique danger depuis la parution en 1974 d'un pamphlet antimonarchiste intitulé *L'Islam ou le déluge*. Il y contestait l'authenticité de l'Islam pratiqué par le roi. Les sources du militantisme de Yassine puisent dans le fonds commun à tous les Frères musulmans. D'abord interné dans un hôpital psychiatrique, Yassine était, depuis 1989, en résidence surveillée à Salé, près de Rabat. Mohamed VI l'a fait libérer quelque temps après son arrivée au pouvoir. Cette longue relégation n'a pas empêché son organisation de prospérer en puisant dans le vivier de la « Chabiba Islamiya », la jeunesse islamique, un mouvement ultraviolent des années 80. La plupart des cadres intégristes sont passés par ce baptême du feu, puis ils ont essaimé vers une mosaïque de mouvements présents sur tout le territoire. Les Soldats de Dieu, « Jounoud Allah », opèrent dans les universités de Marrakech, Casablanca et Meknès. L'Alliance de l'avenir musulman recrute auprès des jeunes de l'Est et du Sud : Rachidiya, Fès, Ouarzazate. Les islamistes se sont ainsi assuré le contrôle du plus important syndicat étudiant, l'Union nationale des étudiants marocains (UNEM). Ils tiennent les universités de sciences, de médecine, de technologie et de nombreuses facultés de droit. Un noyautage dont le pouvoir reconnaît désormais l'ampleur.

Pour prendre une faculté, la stratégie est simplissime. Il suffit de pourvoir aux besoins d'une population étudiante sans le sou et déboussolée. D'abord le toit : le jeune provincial arrive à Casablanca ou Rabat avec une bourse de 400 dirhams par mois (280 francs). Un cadre islamiste lui offre un logement moyennant la promesse d'un engagement au service de l'Islam. Le nouvel adepte trouvera ensuite à sa disposition des cours polycopiés gratuits, astucieusement piratés à grande échelle. Enfin, ses droits seront farouchement défendus, qu'il s'agisse de protéger les étudiants menacés d'exclusion parce qu'ils triplent une année ou de réclamer la gratuité des transports. Fidèles à la méthode islamiste appliquée partout dans le monde, les militants se substituent aux solidarités défaillantes.

Leurs bastions ? Les départements d'études islamiques qui remplacent depuis 1984 la philosophie et la sociologie. Naturellement, on y retrouve ces enseignants formés en Égypte par des maîtres Frères musulmans aux interprétations tendancieuses des textes sacrés. Dans la plupart des universités, c'est le quart des étudiants qui s'inscrit dans les fameux départements devenus la principale pépinière d'intégristes.

À l'été 1995, de nombreuses facultés prennent déjà le statut de « terre libérée » selon la terminologie islamiste. À l'entrée de la cafétéria d'une université casablancaise, on étale sur le sol le drapeau israélien – symbole honni de la politique extérieure du roi – avec obligation pour les étudiants de le piétiner. Aucune faction n'a le droit de pénétrer sur les campus sans l'accord de l'UNEM : les récalcitrants sont « jugés » par un tribunal étudiant. À la faculté de droit, on interdit la projection d'un feuilleton égyptien anti-intégriste, *La Famille*. Si des rebelles passent outre, les islamistes attaquent. Leurs inter-

ventions musclées – appelées « Al Inzel », littéralement la descente – se déroulent avec le concours
d'éléments étrangers à l'université.

Car les militants, après les facultés, se sont lancés
à la conquête des quartiers. Les travaux d'approche
ont lieu à la mosquée, dès la prière de l'aube. C'est
là qu'on repère les vraies âmes pieuses. Mais pas
question de s'attarder : le roi a ordonné la fermeture
des mosquées en dehors des heures de prière. C'est
chez un notable islamiste qu'aura lieu la « leçon de
religion » chargée d'embrigader la nouvelle recrue.
Puis on soude les bonnes volontés par un acte chari-
table : dons aux pauvres, distribution de médicaments. Le groupe est constitué. Dans les quartiers
où aucun islamiste n'a pignon sur rue, le mouvement, via ses mécènes, achète une maison pour y
loger des étudiants.

Alors que le roi materait sans difficulté d'éventuel-
les actions terroristes, comment peut-il contrer cette
lente infiltration de la société marocaine ? En réalité,
la monarchie cherche à intégrer les islamistes à la vie
politique afin de désamorcer la menace. De fait, c'est
déjà l'attitude adoptée par les grands partis. M'Ha-
med Douiri, l'un des dirigeants de l'Istiqlal, affirme :
« Nous avons demandé l'application de la Charia.
Lors des dernières élections, les membres des associations islamistes ont appuyé partout nos candidats[2]. »
À l'Union socialiste des forces populaires (USFP), le
parti de l'actuel Premier ministre, l'affrontement
entre pro- et anti-islamistes faisait rage en 1995 :
« Nous avons des intégristes dans beaucoup de nos

sections », confesse alors Mohamed el-Yazghi, leader de l'USFP[3].

L'USFP a même dépêché un observateur à Khartoum, lors de la rencontre internationale des islamistes de 1995.

Beaucoup d'intellectuels marocains, suivant en cela l'exemple des Égyptiens, souhaitent également un rapprochement avec les islamistes. Ils estiment que la jeune génération est prête à soutenir leur projet. Un projet que les militants peaufinent en prenant bien soin de se démarquer des errements sanglants de leurs frères algériens. « Nous refusons catégoriquement la violence, le massacre des enfants, des femmes et des intellectuels », déclare Fathallah Arsalane, porte-parole de Justice et Bienfaisance[4]. Il est confiant dans les possibilités d'extension du mouvement : « Notre mouvement grandit, s'organise, s'étend géographiquement. Nous nous préparons à des circonstances où le régime sera obligé de reconnaître notre existence politique. Et il sent très bien que nous sommes forts. Nous misons sur notre crédibilité auprès du peuple. Nous existons dans toutes les couches sociales, du simple citoyen au cadre de l'État. Nous sommes présents sur tous les campus universitaires, chez les étudiants comme chez les professeurs. Notre force nous vient de Dieu. Nous sommes pour un État islamique. »

Il semble inconcevable que le roi laisse se développer sans réagir ce type de contestation. Par ailleurs, offrir des martyrs à la cause est sans avenir et Mohamed VI s'attache, vis-à-vis de l'opinion internationale, à donner une image plus positive des droits de l'homme si longtemps ignorés par le régime. Les solutions qui s'offrent au roi sont donc contradictoires. D'un côté, l'intégration des islamistes dans le champ politique risque d'entraver la démarche du royaume vers la modernité. De l'autre, le monarque ne peut totalement les écarter car leur discours se vivifierait dans la clandestinité. Et pourtant, même libre, le cheikh Yassine a encore fortifié sa popularité sur le thème « Rendez l'argent ! », en conjurant Mohamed VI de redistribuer au peuple quelques-unes des immenses richesses de feu Hassan II. La clé du conflit est évidemment économique et sociale. La réduction des inégalités affaiblirait l'audience des islamistes. Pour restaurer l'image de la monarchie, Mohamed VI devra donc nécessairement entamer des réformes. Mais il aura besoin aussi de l'aide et de la coopération de la Communauté européenne dont le Maroc souhaite devenir un partenaire à part entière. Sur ce plan, la prise de conscience des nations du Nord reste très relative. Le Maroc est pourtant l'exemple type du pays que les islamistes convoitent mais qui conserve encore de solides capacités de résistance. Elles ne sont pas illimitées. D'autant que le jeune roi semble bien timide face à l'énormité des enjeux.

Turquie : la laïcité à l'épreuve des faits

Le 3 mars 1924, Mustapha Kemal abolit le califat. « Adieu l'Orient », titrent les journaux d'Istanbul. Tous les signes extérieurs d'appartenance à l'Islam, qualifié par Ataturk de « théologie absurde d'un Bédouin immoral », sont bannis. C'est la stupéfaction à l'extérieur, dans un monde musulman qui restera longtemps réticent face à la révolution kémaliste. « Adieu, sœur de l'Andalousie ! Le califat t'a quittée et ainsi l'Islam », gémit le poète égyptien Ahmed Chawqui. « Jusqu'au Maghreb, le mot "turc" a souvent des connotations péjoratives, note Alain Chenal, à quoi s'ajoute l'image très antireligieuse du fondateur de la République turque. L'homme de Salonique qui a mis fin en 1924 à la lignée califale apparue à Médine après la disparition du Prophète, ne pourrait être qu'un incroyant, voire un juif ou un Dunmeh[5]. » Les Dunmehs sont des Turcs, musulmans en apparence mais qui ont conservé secrètement des rites judaïques en mémoire du « faux messie » juif du XVIIᵉ siècle, Sabbatai Zevi, natif de Smyrne, qui finit par se convertir à l'Islam à Constantinople. Cette accusation portée par les milieux musulmans étrangers contre Ataturk prouve bien l'incompréhension devant les bouleversements dont la Turquie fut le théâtre.

Le « Père des Turcs » a doté le pays d'une Constitution qui entérine la séparation de la mosquée et de l'État, donné aux femmes le droit de vote et l'égalité

juridique, adopté un Code civil sur le modèle...
suisse. Bref, il a fait sien avec enthousiasme tout ce
qui hérissait l'Islam depuis sa découverte de l'Occident. Mais cette laïcisation autoritaire n'a pas marqué tout le pays de la même façon. Des pans entiers
de la Turquie sont restés fidèles à la tradition. D'une
part, l'Islam turc est aussi celui des confréries. Ces
sectes religieuses séculaires comptent des milliers,
voire, pour certaines, des millions d'adeptes. Il était
inconcevable de les démanteler et ce sont elles qui ont
assuré contre vents et marées la pérennité de l'Islam.
D'autre part, l'opposition au kémalisme n'a jamais
vraiment désarmé. L'Union mohamedane avait été
fondée avant même l'abolition du califat et appelait
déjà au rejet du « tafarnoj », de l'occidentalisation.

De nouvelles confréries sont apparues dans les
années 50. Elles se donnaient pour objectif d'arracher au gouvernement laïque la possibilité d'éduquer
les enfants religieusement. Il faut souligner que le
kémalisme est l'idéologie dominante et pratiquement la « religion d'État » de la Turquie. Toute
opposition a donc spontanément tendance à se défi-
nir contre lui. Les « acquis démocratiques », dans un
pays qui vécut sous le système du parti unique jusqu'en 1950, puis sous la botte militaire entre 1980
et 1983, se confondent avec les mesures favorables à
la religion. C'est ainsi que le gouvernement, sous la
pression des confréries, consent, chaque fois par
mesure de détente, à faire construire des mosquées
et même à financer lui-même des lycées religieux :
40 en 1970, 390 en 1991, soit 15 % des effectifs du

secondaire[6]. L'expansion de ces établissements va de pair avec la montée d'une conscience islamique travaillée par le sidérant exemple du voisin iranien. On ne s'en est avisé que devant les succès du Parti islamiste, le Refah, aux élections municipales de mars 1994 : mais le processus de réislamisation était entamé depuis longtemps. Les grandes villes, principal fief de la modernité, voyaient leur visage changer devant l'afflux des couches paysannes anatoliennes. Cet exode rural – qui évoque par bien des aspects celui des paysans algériens vers Alger – a beaucoup fait pour la propagation des idées islamistes. Dans la Turquie profonde, en effet, les traditions les plus obscurantistes avaient résisté au pouvoir central. Les islamistes ont donc une base toute prête. Mais les leaders, eux, ne sont pas des paysans. Ils appartiennent à une classe urbaine et moderne qui s'apparente par bien des aspects à cette génération égyptienne des années 20, tout à la fois formée dans l'esprit de l'Occident et souhaitant s'en arracher. Le Refah, « parti de la prospérité », va donc étayer son discours musulman de références à la modernité. Cet emballage, qui rassure beaucoup d'observateurs toujours anxieux de trouver les « bons » islamistes, ne change rien aux principes de base : le Refah se prononce pour « l'instauration d'un ordre juste ("Adil Duzen[7]") », note Vincent Cauche. En clair : interdiction de l'alcool, obligation de porter le voile, rétablissement des tribunaux islamiques, remise en cause de l'option occidentale de la Turquie.

Le gouvernement, pris de court, a tenté de légiférer

sur les points les plus visibles : en 1987, il a interdit le port du voile à l'université. Mais il a dû revenir sur cette mesure en 1989. Parallèlement à la vague de réislamisation – et comme ailleurs dans son sillage – a surgi la violence. Un terrorisme intégriste se manifeste, visant en priorité les intellectuels. En 1990, assassinats d'un célèbre adversaire du voile islamique et d'un journaliste, Cetin Emec. Puis attentat contre une enseignante. En 1993, nouveau meurtre d'un journaliste et écrivain, Ugur Mumcu, suivi de l'incendie d'un hôtel où périssent trente-sept intellectuels alévis, une communauté chiite originale qui a fait de la laïcité et de l'égalité entre hommes et femmes la base de sa doctrine. Les Alévis ont toujours soutenu le kémalisme. En mars 1995, ils sont à nouveau la cible des fanatiques dans le quartier de Gazi à Istanbul. Tous ces crimes sont revendiqués par différents mouvements intégristes. À l'extérieur, le mouvement islamiste turc travaille avec succès le milieu des immigrés en Europe. La réprobation avec laquelle on accueillait autrefois le natif stambouliote ou anatolien dans les milieux arabes n'est plus de mise. Des liens se créent avec les militants du Maghreb et du Proche-Orient.

À chaque manifestation de violence – et elles se multiplient, prenant, comme en Égypte, la forme d'attentats sur les lieux touristiques –, l'opinion montre son émotion et sa fidélité aux principes kémalistes. Les femmes se massent autour de la statue de leur « libérateur », Ataturk. La presse scande son attachement à la Constitution et à la laïcité. C'est une femme, Tansü Ciller, qui est élue Premier ministre en juin 1993. Pour dénouer la crise économique qui jette un nombre croissant de mécontents dans les bras du Refah, elle presse l'Europe d'accueillir la Turquie dans la Communauté. L'union douanière est réalisée en 1995, premier pas vers une intégration du pays à l'espace économique européen. Mais tout cela ne freine en rien la progression des islamistes. Aux législatives de mars 1994, le Refah conquiert 15 grandes villes dont Istanbul et Ankara. En 1996, son leader Necmettin Erbakan devient Premier ministre. « Démissionné » par l'armée un an plus tard, Erbakan voit son parti interdit en 1998. C'est le « Fazilet » le « parti de la Vertu », qui le remplace. Pour être interdit en 2001 ! La sociologue Nülifer Göle est convaincue que l'islamisme turc est un mouvement original, du type « musulman-démocrate [8] », dans la lignée de ce que l'Europe a connu avec les chrétiens-démocrates. C'est possible. Mais cet optimisme doit être modéré. On ne peut nier en effet l'influence d'une nébuleuse activiste, beaucoup plus proche de thèses radicales. Or le féminisme officiel d'un pays où les femmes ont obtenu le droit de vote dix ans avant les Françaises ne peut être brusquement battu en brèche. Fait significatif, il est présent au sein même du mouvement islamiste et le forcera probablement à de sévères remises en cause.

Ce à quoi nous assistons donc en Turquie est peut-être l'émergence de la société musulmane type du futur. D'un côté, des laïcs, de l'autre des religieux. Cette coexistence est tout à fait possible pourvu que les seconds renoncent à modifier la

Constitution. Pourvu aussi que le terrorisme inté-griste ne pousse pas le pouvoir à prendre des mesures antireligieuses et à sortir du cadre de la légalité. La paix civile et le degré de maturité politique des isla-mistes sont les conditions nécessaires à la mise en place de ce qui pourrait peut-être inspirer des solu-tions originales à d'autres pays musulmans.

CHAPITRE IX

L'intégrisme est-il une menace
pour l'Europe ?

Il faut toujours prendre les intégristes au mot. Les mots sont l'usine où se forgent leurs armes. Qu'est-ce que l'Europe pour eux ? Un « Dar el-Suhl », littéralement terre de contrat où l'on doit se conformer aux lois du pays ? Ou un « Dar el-Islam », terre où l'Islam doit inéluctablement devenir majoritaire ? C'est la question que pose en 1988 l'un des cadres du mouvement islamiste tunisien réfugié en France, Habib Mokni[1]. L'expansion des réseaux intégristes en Europe, de Paris à Londres, de Zurich à Trieste, de Madrid à Francfort, prouve assez que les termes d'un éventuel contrat ont été rejetés. À quelles fins ? L'Europe est-elle un enjeu, le fameux « Dar el-Islam », ou bien une base arrière d'où l'on fomente des actions destinées à déstabiliser le pays d'origine, voire, comme on l'a vu lors des attentats de l'été 1995 à Paris, à sanctionner la position d'un pays européen, en l'occurrence celle de la France sur le conflit algérien ? Les deux. Il n'y a pas de base arrière sans travail de fond destiné à recruter ses éclaireurs.

Les investigations policières prouvent bien le lien étroit entre propagandistes et activistes. Cette conjonction d'objectifs nous précipite ainsi dans une troisième dimension : celle du « Dar el-Harb », Maison de la guerre selon la terminologie coranique. Le « Dar el-Harb » englobe le monde non musulman, considéré comme hostile à l'Islam et susceptible à tout instant de devenir un champ de bataille pour y faire triompher la loi d'Allah.

Les racines du danger

Inutile de se cacher la tête dans le sable : une guerre se déroule sur le sol européen. Ses victimes les plus visibles sont celles des attentats. Mais d'autres tombent, sans lien apparent avec une logique militaire et militante. La mort de la jeune Louisa Ladjnoune, en juillet 1994, à la suite d'un exorcisme sauvage pratiqué par un imam de Roubaix, n'a rien à voir avec la situation algérienne. Cet événement constitue néanmoins un acte de guerre contre les démons occidentaux supposés dévorer l'âme de l'adolescente. L'imam adhérait au Tabligh, une secte d'origine pakistanaise qui a pour but, depuis vingt ans, la réislamisation des musulmans, partout où l'occidentalisation lui paraît menacer les valeurs de la religion. Mais le Tabligh, de simple mouvement de bigots qu'il était à ses débuts, a dérivé vers une remise en cause totale du monde où vivent les musulmans d'Europe. Pour instituer le « Dar el-

Islam », il apporte désormais son assentiment implicite aux stratégies qui s'organisent sur le sol d'une Europe devenue « Dar el-Harb ».

Pas question, bien entendu, de faire des musulmans européens dans leur ensemble les boucs émissaires de cette passion morbide qu'est l'intégrisme. Car ils trinquent, eux aussi : Louisa Ladjnoune, la petite exorcisée, est une musulmane qui a été tuée par des musulmans. De même, à l'été 1993, en Alsace, la jeune Nasmyie, d'origine turque, a été étranglée par sa propre famille parce qu'elle avait l'audace d'aimer un garçon non musulman. Pour la même raison, en novembre 2001, Latifa, 24 ans, d'origine marocaine, née en Corse où elle a grandi, est éventrée par son propre père. La guerre des intégristes, en Europe, est aussi une affaire de famille, une chirurgie interne. Son objectif ? Couper le cordon ombilical qui relie les musulmans à leur pays d'accueil, leur ôter l'envie sincère de devenir français, allemands, britanniques, pour les précipiter dans l'univers émotionnel de la Umma, la communauté islamique, cette Internationale de la foi qui fait fi des passeports, des langues et des drapeaux. La Umma exige de vivre selon ses lois, qui nient celles de l'Europe, ou bien les manipulent. Ainsi, en Grande-Bretagne, un musulman d'origine pakistanaise, Kalim Siddiqui, a créé un « Parlement musulman » destiné à légiférer, parallèlement aux décisions de Westminster et contre elles. Pour Siddiqui, le respect des lois d'un pays n'est pas obligatoire pour le musulman. Il peut les enfreindre dès que « cette obéissance entre en conflit avec son engagement envers l'Islam ». En lançant en 1990, le « Manifeste musulman », il affirme clairement élaborer une « stratégie de survie » pour les musulmans en Occident[2].

La constitution des réseaux intégristes en Europe n'est pas une création *ex nihilo*. Lorsque, en 1981, les premiers islamistes tunisiens débarquent en France, ils comprennent que le « Dar el-Islam » est en voie de formation, via l'exaspération des Beurs qui, deux ans plus tard, vont secouer tout le pays en revendiquant l'égalité des droits. Les intégristes, qui haïssent la raison, ont néanmoins de la jugeote. Ils amassent, en silence, d'année en année, un capital d'informations sur cette étrange conscience musulmane européenne et sur l'Europe elle-même, pays par pays. Ils constatent que cette Europe est loin d'avoir décroché avec son passé colonial puisque les enfants de ces colonies mortes se sont installés sur son sol. Les liens avec le Sud perdurent. L'Europe n'est pas un bloc froid et isolé mais une matrice où la mémoire a déposé sa semence. Quelque chose va naître, dont l'intégrisme veut être l'accoucheur en s'aidant des forceps de l'actualité internationale.

La lente germination du « Dar el-Islam » s'étire tout au long des années 80. Parallèlement à la montée de l'islamisme en Algérie, au flamboiement de la révolution iranienne, à l'explosion de l'Intifada dans les territoires occupés par Israël. Les Beurs, en France, glissent de la revendication citoyenne à la désillusion sociale puis, sonnés par ces échecs, à l'illusion identitaire. La sociologue Catherine Wihtol de Wenden résume ce qui devient état de grâce pour l'Islam et de disgrâce pour la nation : « Il vaut mieux se dire musulman que s'avouer chômeur. » En 1987, de nouveaux islamistes fuient la Tunisie du président Ben Ali qui s'est juré de les éliminer du champ politique. Ils créent en France une foule d'entreprises, restaurants et chaînes de magasins, couverture légale et lucrative d'activités militantes. Saleh Karkar, dirigeant du mouvement tunisien intégriste Ennahda, et condamné à mort par contumace dans son pays, obtient le statut de réfugié politique à Paris. En Angleterre, les émigrés d'Inde et du Pakistan poursuivent le même itinéraire dans l'atmosphère politiquement pour eux très « cosy » de Londres, Bradford et Birmingham. Les jeunes Britanniques musulmans n'ont aucune peine à se considérer comme plus musulmans que britanniques, le système anglais lui-même ayant largement œuvré pour une éducation strictement communautaire. Dans une enquête, Gilles Kepel note que, dès 1966, le ministre de l'Intérieur, un travailliste, « proclamait qu'il n'était pas question d'assimiler les immigrés. Le Royaume-Uni était une société plurielle qui s'enrichirait en favorisant la diversité des cultures en son sein... L'exaltation de la société multiculturelle favorisait l'émergence de leaders communautaires qui serviraient d'intermédiaires entre l'État et leurs coreligionnaires ou frères de race, renforcés dans le sentiment de leur altérité radicale par rapport à la société globale[3]. » L'Islam dur, à la pakistanaise, croît de plus belle à la faveur de ce communautarisme, amplifié par les travaillistes qui courtisent l'électeur musulman. La gauche, sous couvert de progressisme, devient le plus sûr architecte de cette forteresse intégriste qui se révélera dans toute sa puissance avec l'affaire Rushdie, puis avec la découverte des planques (à peine cachées) d'organisations terroristes en septembre 2001. En prime, Londres est la capitale occidentale de la presse et de l'édition arabes, la caisse de résonance de tous les conflits Orient-Occident. Et c'est à Leeds que se trouve le centre névralgique du mouvement Tabligh qui commence à confondre la mission de réislamisation et l'activisme politique. Du coup, les islamistes tunisiens se mettent à traverser la Manche.

En Allemagne, la forte minorité turque, d'origine paysanne et de culture traditionaliste, n'a aucun mal à se replier sur ses quartiers. L'Allemagne a longtemps éprouvé une nausée officielle à digérer des populations différentes. En 1992, sur 4,4 millions d'étrangers, le taux de naturalisation n'a été que de 0,003 %[4]. Moins on assimile et plus on intègre... l'intégrisme !

Au tournant de la décennie, l'idéologie islamiste va enfin récolter les fruits de sa longue patience. Les émissaires de l'extérieur font la jonction avec des franges de la Umma européenne prêtes à tomber comme des fruits mûrs dans le verger d'Allah. En 1989, éclate l'affaire Rushdie où l'on voit que Londres est devenue une Mecque humide d'où pleuvent les fatwas. Le leader des islamistes tunisiens, Rached

Ghannouchi, s'installera bientôt en Grande-Bretagne où il trouve le gîte et le couvert. Mais aussi l'autorisation de tenir conférence de presse sur conférence de presse. En 1991, la guerre du Golfe cristallise les passions encore latentes des jeunes Beurs désenchantés. C'est l'année où se tient à Lyon le premier congrès de l'Union des jeunes musulmans. Cette organisation prétendra toujours ne rien avoir à faire le Front islamique du Salut algérien mais défend le même type de société que lui, filles voilées et garçons pressés d'obtenir « l'agrément de Dieu dans une société de "Kuffars", d'impies ». En France bien sûr, terre d'Islam.

En 1992, l'annulation des élections remportées au premier tour par le FIS en Algérie draine vers la France une vague de militants algériens qui vont amplifier le travail déjà considérable effectué par leurs prédécesseurs dans les banlieues. Le mouvement islamiste tunisien Ennahda tient congrès dans le Val-d'Oise et désigne ses responsables au niveau européen. Algériens et Tunisiens travaillent de concert entre Paris et Londres. La police britannique découvre à Birmingham des caches d'armes destinées au FIS. Des hommes du GIA accordent à la presse arabe, depuis Londres, des interviews où ils justifient les assassinats d'étrangers, de prêtres et de religieuses en Algérie.

L'Allemagne, où s'est installé très officiellement l'un des porte-parole du FIS en exil, Rabah Kebir, n'est pas une terre de recrutement comme la France ni un fief politique comme l'Angleterre. C'est un lieu de transit pour les passeurs d'armes qui vont s'approvisionner chez les trafiquants d'Europe de l'Est, notamment en Pologne. Les terroristes, comme le groupe de Mohamed Atta, le kamikaze qui jeta son avion détourné sur le World Trade Center, s'y fondent dans le décor. La Belgique, elle, est une base de repli pour ceux qu'inquiètent les investigations policières françaises. Une importante communauté musulmane y vit depuis trente ans, essentiellement originaire du Maroc. La montée d'une extrême droite fasciste en Flandre sur des thèmes racistes – chasse aux étrangers, retrait de la nationalité belge pour ceux qui l'ont acquise – radicalise la jeunesse musulmane. Bruxelles fourmille d'apprentis sorciers intégristes impatients de la convertir aux chemins secrets du Djihad. La route suivie par ceux qui ont pour mission d'alimenter les maquis algériens passe donc par l'Europe centrale, puis par la Belgique, la France, l'Espagne et le Maroc.

Cela, c'est la logistique. Le réseau au sens policier du terme. On peut le démanteler ponctuellement. On ne ruinera pas pour autant le vaste ensemble idéologique au cœur duquel il s'inscrit. Car, là, il s'agit d'une bataille compliquée. Elle ne dresse pas seulement les intégristes contre l'Europe mais aussi chaque pays européen contre son voisin. L'Angleterre, au grand dam de la France, a laissé se tenir, en septembre 1994, à Sheffield, une conférence où tout ce que le monde compte de barbus énervés s'est exprimé au grand jour. Les islamistes ont salué la bienveillance de la Grande-Bretagne à leur égard et fustigé l'attitude française. Le torchon brûla entre Paris et Londres. Il fallut attendre le terrible automne 2001 pour que l'Angleterre accepte de livrer à la France un terroriste impliqué dans les attentats de l'été 1995 à Paris. Il coulait des jours paisibles dans sa confortable prison londonienne. C'est que l'intégrisme met le feu à tout, y compris à l'idée que se font les nations d'elles-mêmes, de leur capacité à faire ou à ne pas faire de l'étranger un citoyen.

Non content de piétiner la notion de « terre de contrat » par laquelle le musulman, personne privée comme le chrétien, le juif, le bouddhiste, fait allégeance aux lois du pays d'accueil, le réseau mental intégriste risque de pulvériser un autre contrat : celui qui lie un pays à ses enfants d'adoption. Il s'agit là d'une guerre non moins inquiétante. C'est aux politiques et non plus aux policiers d'y faire face. À eux la lourde charge d'inverser le processus qui détache peu à peu certains musulmans des valeurs occidentales pour les faire basculer dans le réseau irrationnel de la Umma, ce cercle qui tourne sans fin sur lui-même et contre tous. Depuis la découverte à Hambourg des « planques » des terroristes du 11 septembre 2001 et les révélations sur les réseaux français, il est peut-être déjà trop tard.

France : la propagande en action

Le Bourget, 25 décembre 1994. La grande halle du Parc des expositions est plongée dans l'obscurité. Une foule peuple l'ombre, face à la tribune balayée par les projecteurs. Hommes d'un côté, femmes de l'autre, certaines intégralement masquées de noir. Ce public est celui du rassemblement annuel de l'Union des organisations islamiques de France, qui se tient régulièrement depuis 1982. 12 000 personnes en 1992, 30 000 trois ans plus tard : l'affluence record illustre la percée fulgurante du mouvement dans la communauté musulmane.

À la tribune, six femmes sont chargées d'incarner la lutte symbole de l'année qui s'achève : le port du voile islamique, le hidjab. L'une d'elles, au centre, yeux obstinément baissés, dévide d'une voix monocorde la chronique de son expulsion d'un collège du Nord. Une autre brandit un poème intitulé *Identité :*

« Non pas foulard
Non pas tchador
Non pas fichu !
Mais hidjab !
Hidjab de protection !
Hidjab de conviction !
Hidjab pour montrer que je suis musulmane
Dans une société qui m'est totalement familière
Et où j'ai grandi. »

La salle scande « Allah est grand ! » avant de se diriger pour la prière du soir vers la mosquée aménagée dans un autre hangar. Les complets-veston et les blousons de cuir côtoient les tenues afghanes. Au stand de l'Union des étudiants islamiques de France, on fait signer des pétitions de solidarité avec les « sœurs » exclues des collèges. Il y a des adolescentes en jeans, d'autres avec un chapeau très parisien. Minoritaires dans un océan de foulards, elles disent qu'elles sont « en recherche », qu'elles « se voileront sans doute bientôt ». Cette foule aux origines variées – marocaine, algérienne, tunisienne, turque – est unie par un soulagement puissant : « On est entre soi, entre musulmans, on respire... » explique Noura qui quête avec deux camarades pour la construction d'une mosquée à Nancy.

Cette respiration, en marge d'une société française qui, pour être « familière », n'en est pas moins dénoncée comme hostile, constitue aujourd'hui un fabuleux enjeu pour les leaders de la réislamisation. Le très officiel rassemblement du Bourget sert chaque année de caisse de résonance à une propagande qui s'est fait une spécialité du double discours.

En surface, pas question d'enfreindre les lois françaises. Mais, expliquait alors Abdallah Ben Mansour, à l'époque leader de l'Union des organisations islamiques, « nous engagerons toutes les démarches nécessaires pour que le cadre européen sanctionne la France ». C'est que les militants se donnent tout bonnement pour objectif à long terme la transformation de la laïcité française, via les pressions des autres pays européens qui ont tous choisi une vision séparatiste de la présence musulmane : une existence en marge de la culture du pays d'accueil en ce qui concerne les lois et les mœurs.

Est-ce dangereux ? Oui. Les islamistes tranquilles du Bourget sont les héritiers directs des Frères musulmans. Ils se gardent bien de prôner la violence car tel n'est pas leur intérêt. Ils voient loin et veulent s'organiser en mouvement de masse. En septembre 1995, ils se sont joints à d'autres associations musulmanes pour condamner le terrorisme. Leurs prêcheurs préférés s'appellent Heni et Tariq Ramadan. Ce sont les petits-fils du fondateur des Frères musulmans en Égypte, Hassan al-Banna. Ils résident en Suisse où ils ont lancé la Fondation islamique de Genève et multiplient les conférences en France. Prédicateurs de talent, ils font chaque fois salle comble. Leurs vidéocassettes se vendent comme des petits pains.

Doit-on se méfier de cette stratégie ? Oui, car elle obéit à une vision du monde totalisante et totalitaire : il s'agit d'affirmer la prééminence des valeurs islamiques sur celles de la nation. En 1990, lors de l'inauguration de la Faculté européenne d'études islamiques de la Nièvre, le porte-parole de l'Union des organisations islamiques de France martelait : « Beaucoup d'associations enseignent, mais avec des moyens limités et des programmes incomplets qui ne parviennent pas à contrecarrer la francisation de la langue, de la pensée, des coutumes et des mœurs,

qui s'impose aux enfants des musulmans et les enva-
hit de toutes parts. »

Les associations qui s'inscrivent dans cette mouvance disposent toutes d'un puissant réseau de diffusion de leur idéologie. Il s'est construit autour de
quelques librairies phares, à Lyon, Paris et Marseille.
Les islamistes « légaux » y ont souvent flirté avec les
militants du FIS et du mouvement Ennahda, interdit en Tunisie. Après avoir diffusé les textes des islamistes du monde entier, ces librairies se sont mises à
éditer des cassettes audio et vidéo. Faire son marché
islamiste en France est désormais un jeu d'enfant.
Au rassemblement du Bourget, on pouvait remplir
son cabas de publications des Frères musulmans. Il
est vrai qu'à Londres on pouvait acheter des vidéos
qui enseignent l'art de devenir un kamikaze efficace.
Le vendredi, devant la grande mosquée de la capitale
britannique, sous l'œil indifférent des bobbies !

Mais revenons au nord de Paris. Ces affinités élec-
tives vont-elles faire pour autant du consommateur
un intégriste ? Elles contribuent en tout cas à le déta-
cher un peu plus à chaque occasion de la société
dans laquelle il vit ou est né. Par ailleurs, si ces mouvements tiennent à se démarquer d'une idéologie de
combat, que signifie la diffusion à grande échelle des
prêches du très virulent intégriste égyptien Abdelha-
mid Kischk ? Ce vieil homme a contribué à asseoir la
popularité des thèses islamistes en Égypte. Brillant,
caustique, mariant l'exégèse à l'ironie, il fut une des
premières références théologiques des « Gamaat Islamiya », les commandos armés égyptiens qui s'illus-

treront en assassinant des touristes occidentaux. Les prêches du cheikh Kischk ont connu une grande audience hors d'Égypte, notamment en Algérie.

À Marseille, livres et cassettes constituent un créneau privilégié pour tous les commerçants installés sur le marché du Soleil, dans l'enclave de la rue du Bon-Pasteur, et le marché des Puces, en lisière des quartiers Nord. Ce sont les deux zones clés de la réislamisation dans la cité phocéenne. Quelque 15 000 personnes y circulent le week-end. Il n'est pas rare qu'on y distribue des tracts du FIS sous le manteau. L'un des deux « Rois de la viande » – les bouchers qui vendent de la viande « halal », conforme aux prescriptions coraniques sur l'abattage des bêtes – avait même installé dans son magasin des haut-parleurs diffusant des prêches. Un boucher a tout intérêt à faire de la surenchère dans la religiosité : sa fortune dépend du fameux tampon accordé ou non à ses produits par la mosquée. Il s'agit donc d'être au mieux avec l'imam. Et les marchands ont financé généreusement la mosquée qui s'est installée sur le marché des Puces sous la houlette d'un imam plutôt voyant : Abdelhadi Doudi, pourchassé par l'Algérie qui l'accuse de complicité avec le pionnier des maquisards intégristes, Bouyali, abattu en 1987, dont il est le propre beau-frère. L'imam Doudi a été arrêté par la DST en novembre 1993, puis relâché, contrairement à des membres de son entourage, expulsés en raison de leurs liens avec le FIS. 2 000 personnes se pressent le vendredi à ses prêches. En 1994, Abdelhadi Doudi, qui se sait dans le collimateur de la police, a mis un bémol à ses harangues. Il perd sa mosquée en 1996 à la suite de querelles internes. Mais il en fonde une autre en 1998 et « recouvre son rôle au sein de la population », constate en 2000 la revue *Islam de France*. Les efforts du théologien réformateur et très républicain Soheib Bencheikh [5] nommé mufti de Marseille par la Mosquée de Paris en 1995, sont violemment contestés par Doudi et les autres imams. L'atmosphère se réislamise à toute vitesse, via un activisme calqué sur celui qui a débuté quinze ans auparavant, de l'autre côté de la Méditerranée, à Bab-el-Oued. Les consommateurs d'alcool commencent à être pris à partie. Certains confient qu'ils ont été agressés sans avoir osé porter plainte. Le racket frappe de nombreux commerçants : « Personne ne peut y échapper, avoue l'un d'eux, puisque tout le monde a de la famille en Algérie, c'est un bon moyen de pression. On donne, c'est la zakat (l'aumône, un des cinq piliers de la foi), on ne veut pas trop savoir où ça va. »

Beaucoup d'argent passe par Marseille. Dans ce fief des trabendistes (les contrebandiers algériens), les militants intégristes n'auraient aucune peine à organiser leurs escales. « Outre l'accueil dont ils bénéficient auprès des sympathisants, il y a le problème même du port. Avec ses 14 kilomètres de quais, il est souvent incontrôlable », constate un Algérien qui y a travaillé plusieurs années. « Les Tunisiens ont des hommes à eux qui encadrent les bateaux à chaque départ et arrivée. Il n'est pas question qu'ils laissent passer un suspect. Mais pour les Algériens, c'est la passoire. »

La police resserre ses contrôles. Mais la propagande, elle, fait son chemin. Dans un centre social, une éducatrice se désole : « Dans la rue, je rencontre des adhérentes qui assistaient à nos activités autrefois. Elles se sont voilées. Elles disent que le centre, il ne faut plus y venir, c'est là qu'on fait la fête, c'est mauvais. » Une animatrice manifeste son irritation devant « la façon dont on parle des musulmans dans la presse » : « Chez nous, à Marseille, on est une société multiculturelle, les proviseurs sont intelligents, ils laissent les filles venir au collège avec leur voile. Je déteste ce que disent les médias sur le foulard et les filles ont raison d'aller demander justice devant les tribunaux quand elles sont exclues de leur établissement scolaire. Ce n'est même plus la peine de mettre la télé, tout le monde ment. »

C'est précisément là, sur l'exaspération de cette jeune femme, que jouent avec talent les islamistes. Un Marseillais d'origine algérienne qui craint l'extension de ce discours à toute la communauté musulmane le note avec amertume : « Cette fille s'est déjà construit un cadre. La propagande commence comme ça : ne croyez pas ce que disent les médias français, c'est une opération antimusulmane... Dès qu'on met le pied dans cette logique, on est fichu. »

La « guerre contre les médias » est donc aujourd'hui l'un des thèmes à succès des experts de la réislamisation. Avantage : l'argument peut séduire immédiatement des jeunes encore bien loin d'adhérer à l'Islam dans leur pratique quotidienne. On peut le relier facilement au racisme. D'où la floraison des cassettes sur « la fabrication de l'opinion dite publique » et sur « la bataille de l'image » à livrer par les musulmans. L'une des questions qui figuraient dans le sondage distribué aux participants du rassemblement du Bourget de décembre 1994 était symptomatique : « Comment les musulmans peuvent-ils minimiser les effets néfastes de certains médias ? » Il s'en ajoutait d'autres, visant à cerner ce qui pourrait devenir un vote musulman : « Quel est l'homme politique en France le plus modéré envers les musulmans ? Le plus extrémiste ? » Les leaders de l'Union des organisations islamiques de France affirment : « Il faut se constituer en lobby. Notre communauté présente un avantage par rapport à celle de Grande-Bretagne, très fragmentée. Elle vient essentiellement du Maghreb et peut être très soudée. C'est ce qui effraie les pouvoirs publics français. »

L'enjeu est de taille : si les islamistes réussissent leur OPA sur la communauté musulmane de France, ils négocieront avec acharnement des dispositions qui, sous couvert de « droit à la différence », entérineront un statut totalement à part. Ils se tiennent en contact permanent avec leurs « frères » des autres pays européens, explorant déjà toutes les pistes juridiques qui permettraient de prendre de court la loi française. Enfin, ils ont réussi à faire fleurir dans les banlieues une multitude d'associations qui, sous couvert d'action sociale, se sont transformées en officines de prêcheurs, certaines dérivant carrément vers un activisme politique pro-FIS. Les maires, pendant de longues années, n'ont pas hésité à financer ces associations, espérant ainsi acheter la paix sociale et calmer les tensions. Aujourd'hui, ils reconsidèrent cette politique. On lance enquête sur enquête. Les associations islamiques ont cessé d'être en odeur de sainteté. Prise de conscience bien tardive.

Face à cette montée en puissance d'un mouvement indubitablement islamiste, la France est singulièrement désarmée. L'intégrisme « pur », si l'on peut dire, est traqué régulièrement dans ses caches et ses réseaux. Sur une terre devenue la cible des attentats, la police ne relâche pas la pression. Régulièrement, on découvre de nouvelles ramifications, de singuliers allers-retours de jeunes musulmans de nationalité française vers le Pakistan, l'Afghanistan, la Bosnie. Cependant, la majorité des cinq millions de musulmans nés ou résidant sur le sol français aspire à vivre en paix. D'après un sondage effectué en mars 1995, 62 % d'entre eux privilégient, en cas de doute « sur un sujet grave », le respect des lois françaises et non le respect des règles de leur religion, 28 % se prononcent en faveur du code islamique et 10 % ne se prononcent pas [6]. En octobre 2001, selon un autre sondage, 90 % d'entre eux affirmaient que le terrorisme est contraire aux préceptes du Coran. Il est donc improbable qu'une idéologie suicidaire puisse rafler la mise. En revanche, il est certain que l'islamisme joue avec la personnalité des jeunes les plus fragiles (chez les 16-24 ans, Ben Laden jouissait d'une « bonne image »). C'est dans les marges de son discours que peut s'infiltrer le vertige. Aussi serait-il inquiétant de voir se développer en France le type de ghetto identitaire auquel aspirent en fin de compte ceux qu'il faut bien appeler les Frères musulmans français. Toutes les manipulations de la jeunesse y seraient possibles.

L'intégrisme n'est pas une fatalité

L'intégrisme islamiste, ce concentré de tous les conflits qui déchirent les sociétés musulmanes face au choc de la modernité, est une déviance. L'optimisme béat tout comme le pessimisme radical sont dans ce domaine parfaitement improductifs. Après tout, le mal n'a épargné aucune des grandes religions. L'Église a vécu sous le signe d'une inquisition permanente qui – à travers les mêmes appels à la guerre sainte – a suscité à travers les générations un discours de rejet et de haine aux antipodes du message lumineux de Jésus-Christ. Le judaïsme, première victime de cet ostracisme, se voit trahi lui aussi par la montée en puissance d'un fanatisme mystique qui piétine la notion d'altérité, clé de voûte de la tradition juive. L'hindouisme, qui nous est surtout familier par la haute figure du Mahatma Gandhi (assassiné par un extrémiste hindou lui-même), dérive à son tour vers des interprétations sanguinaires dont la minorité musulmane de l'Inde devient l'otage : incendies et destructions de mosquées, pogroms antimusulmans, affirmation de la pseudo-supériorité hindoue. Brahma n'y reconnaîtrait pas plus son enseignement que, dans les crimes du GIA, Mahomet le message porté de seuil en seuil à La Mecque. Le drame de l'ex-Yougoslavie vient encore nous rappeler que le fantasme identitaire est le plus grand dénominateur commun des nationalismes guerriers. La tentation d'un axe chrétien Belgrade-Athènes commence à sévir à l'ombre de l'Acropole : il s'est trouvé des croisés grecs, orthodoxes pur jus et soudards pur sang, aux côtés des Serbes liquidateurs de la ville musulmane de Srebrenica en juillet 1995. L'intégrisme islamiste n'a donc pas le monopole de l'horreur et c'est aussi sur les horreurs des autres qu'il prospère : combien de jeunes musulmans se sont radicalisés devant les images de la Bosnie torturée ! Mohamed Atta aurait combattu en Bosnie ! Et des réseaux islamistes y somnolent en attendant leur heure. Combien de discours obscurantistes à travers le monde islamique ont été étayés par la tragédie de Sarajevo, pourtant fief d'une des communautés musulmanes les plus laïques, les plus tolérantes, les plus syncrétiques de la planète ! Intégrisme ou intégrismes ? Le drame est précisément qu'ils se nourrissent les uns des autres. En Inde, c'est Syed Shahabuddin, le leader des musulmans abaissés, traqués et meurtris par les néo-fascistes hindous, qui s'est fait l'artisan le plus zélé de la campagne anti-Rushdie. En Palestine, c'est sur la tombe des victimes du massacre de Hébron (vingt-neuf musulmans en prière abattus, en février 1994, dans la mosquée du Caveau des Patriarches par un colon israélien intégriste) que naissent les vocations des commandos du Djihad. Mais le meurtrier, Baruch Goldstein, avait lui-même développé sa folie au spectacle des Israéliennes égorgées par des fanatiques palestiniens. Sans aller si loin, demandons-nous combien de jeunes Français musulmans se tournent aujourd'hui vers un Islam rigide et violent en réaction aux lois qui, depuis 1991, font d'eux des citoyens tardifs, non plus français de naissance mais français par choix à l'âge de 18 ans. Choix dont sont exclus tous ceux qui auraient eu maille à partir avec la justice.

La justice : on a vu que son déni était partout le ferment de l'islamisme. C'est en son nom qu'il commet les pires injustices. Cercle infernal qui précipite les régimes dans l'enfer de responsabilités qu'ils refusent d'assumer. Roue du malheur à répétition qui reproduit les mêmes effets, à des générations de distance, en des terres aux caractéristiques opposées et dont les fils invoquent une fraternité religieuse fictive, l'Iranien n'ayant pas hésité à tuer l'Irakien, l'Irakien le Koweïtien, le Koweïtien le Palestinien, et l'Afghan... l'Afghan de la vallée d'en face. Ainsi s'enchaîne le cycle des tragédies. Celle de l'Islam est d'autant plus pathétique qu'elle fond sur des peuples moins préparés que bien d'autres à les affronter. N'ayant connu de culture politique que celle de la soumission – au sultan, puis au colonisateur, puis aux nomenklaturas faussement constitutionnelles – et de la lutte armée, ils émergent de cette nuit, hagards et éblouis. L'œil musulman a du mal à « accommoder ». Des éclairs passent dont nous, Français, ne supportons la lumière que pour en avoir connu et maîtrisé historiquement les orages : ils s'appellent démocratie, laïcité, égalité, droit, liberté. Ils traversent le ciel d'Islam comme des boules de feu, des aéronefs venues d'autres mondes. Ils aveuglent car rien n'a été fait pour y préparer la vision. Concepts que nous pressons les peuples musulmans d'adopter comme s'ils en connaissaient le contenu de toute éternité. Le droit ? Mais où est l'état de droit en terre arabe ? La démocratie ? Partout, elle n'est qu'un alibi pour la sauvegarde des privilèges. Le monde islamique fourmille de ces « démocraties sans démocrates », comme les appelle avec une lucidité cruelle le sociologue libanais Ghassan Salamé.

La laïcité ? La France ne l'a instituée mode de pensée national qu'au terme de luttes déchirantes. Si la Turquie, qui fut la seule de toutes les terres musulmanes à l'imposer, voit aujourd'hui ses acquis menacés, comment rêver de sa mise en place ailleurs, là où on l'a toujours identifiée au mal ?

L'intégrisme n'est pas immortel. Même à Téhéran, son fief, il est ébranlé par les mêmes phénomènes que ceux qui ont hâté son avènement : problèmes socio-économiques, autoritarisme excessif, désenchantement de la population. C'est tout le sens du vaste élan populaire en faveur du président réformateur Mohamed Khatami.

L'intégrisme n'est pas une fatalité. Comme toute

idéologie, il peut être en panne ou en hausse. Fondre sur un pays (l'Indonésie, le Pakistan prêts à sombrer dans la nuit) ou être vaincu dans un autre (l'Iran prêt à connaître une nouvelle aube). Si les symptômes se ressemblent, le mal peut évoluer ou régresser selon les remèdes qu'on aura l'intelligence de lui appliquer. Certes, il n'existe aucune recette universelle contre le fanatisme, quelles que soient ses sources religieuses. En revanche, il y a des politiques qui, plus que d'autres, peuvent le décourager en terre d'Islam. Elles exigent des réformes profondes pour donner à l'homme et à la femme la possibilité de sortir d'une conscience exclusivement religieuse. La laïcité – unique option vraiment révolutionnaire à long terme – ne s'imposera pas d'un coup de baguette magique. Elle devra être préparée par une restauration des droits politiques et sociaux, une dynamique éducative et culturelle sans ambiguïté.

Pas seulement musulman, mais aussi individu et citoyen : telle est la seule attitude qui puisse prémunir contre l'intégrisme.

NOTES

Introduction

1. « Hold-up sur le Coran », *L'Événement du jeudi* du 11 au 17 février 1993.

2. Voir la chronologie de l'affaire Rushdie, in *Atlas mondial de l'Islam activiste*, sous la direction de Xavier Raufer, La Table ronde, 1991.

3. Lounès Matoub, *Rebelle*, Éditions Stock, 1995.

I. L'Islam est-il une machine à fabriquer du fanatisme ?

1. Anne-Marie Delcambre, *L'Islam*, La Découverte, collection « Repères », 1990.

2. Bernard-Henri Lévy, *La Pureté dangereuse*, Grasset, 1994.

3. Roger Caratini, *Mahomet*, Éditions Critérion, 1993.

4. Régis Blachère, *Introduction au Coran*, Maisonneuve et Larose, 1991.

5. Coran, sourate 5, verset 51.

6. Saïd Al-Ashmawy, *L'Islamisme contre l'Islam*, La Découverte, 1989.

7. Coran, sourate 4, verset 38.

8. Al-Tabari (839-923), *Chronique*, Éditions Sindbad, 1989, traduction d'Hermann Zotenberg, t. 3, p. 58.

9. Coran, sourate 4, verset 3.

10. Al-Tabari, *Chronique, op. cit.*, t. 3, p. 114.

11. Roger Caratini, *Mahomet, op. cit.*, chap. « L'institution du voile ».

12. Fereydoun Hoveyda, *L'Islam bloqué*, Robert Laffont, 1992.

13. *L'Événement du jeudi* du 12 au 18 avril 1990.

14. Freidoune Sahebjam, *La Femme lapidée*, Grasset, 1990.

15. Slimane Zeghidour, *La Vie quotidienne à La Mecque*, Hachette, 1989.

16. Haytham Manna, *Les Châtiments corporels en Islam*, cahier n° 13 de la commission médicale d'Amnesty International, section française, avril 1993.

17. Coran, sourate 2, verset 256.

II. Quelle est la véritable origine de l'intégrisme ?

1. « Recueil de lettres », cité par Olivier Carré, in *L'Utopie islamique dans l'Orient arabe*, Presses de la Fondation nationale des Sciences politiques, 1991.

2. *L'Utopie islamique dans l'Orient arabe, op. cit.*

3. Gilles Kepel, *Le Prophète et Pharaon*, La Découverte, 1984.

4. *L'Utopie islamique, op. cit.*

5. *Ibid.*

6. Entretien avec l'auteur, Le Caire, juillet 1992.

7. Jean-Pierre Péroncel-Hugoz, *Le Radeau de Mahomet*, Flammarion, 1984, collection « Champs ».

8. Rémy Leveau, *Le Sabre et le Turban*, Éditions François Bourin, 1993.

9. Cité par Xavier Raufer, in *Atlas mondial de l'Islam activiste, op. cit.*

10. Jean-Pierre Péroncel-Hugoz, *Le Radeau de Mahomet, op. cit.*

11. Entretien avec l'auteur, octobre 1993.
12. Yann Richard, *L'Islam chiite*, Fayard, 1991.
13. *Ibid.*

III. Pourquoi un pays bascule-t-il dans l'intégrisme ?
    L'exemple algérien

1. Lahouari Addi, *L'Algérie et la démocratie*, La Découverte, 1994.
2. Citons notamment *La Gangrène et l'Oubli*, La Découverte, 1991 ; *Ferhat Abbas, une utopie algérienne*, Denoël, 1994 ; *Histoire de la guerre d'Algérie*, La Découverte, 1992 ; *Histoire de l'Algérie depuis l'indépendance*, La Découverte, 1994.
3. Benjamin Stora, *L'Algérie en 1995. La guerre, l'histoire, la politique*, Éditions Michalon, 1995.
4. Interview par Slimane Zeghidour, in *Politique internationale*, n° 49, automne 1990.
5. André Fontaine, « Socialisme et tradition », *Le Monde*, 18 novembre 1970.
6. Benjamin Stora, *L'Algérie en 1995, op. cit.*

IV. Pourquoi l'intégrisme déteste-t-il l'Occident ?

1. Cité par Olivier Carré, in *L'Utopie islamique dans l'Orient arabe, op. cit.*
2. Fereydoun Hoveyda, *L'Islam bloqué, op. cit.*
3. Emad Eldin Shahin, « The Political Discourse of Abd el-Salam Yassine », in *Islamism and Secularism in North-Africa*, sous la direction de John Ruedy, Macmillan Press, Londres, 1994.
4. Bernard Lewis, *Le Retour de l'Islam*, Gallimard, 1985.
5. Olivier Roy, *L'Échec de l'Islam politique*, Le Seuil, 1992.
6. Anne-Marie Delcambre, *L'Islam, op. cit.*
7. Luc-Willy Deheuvels, *Islam et pensée contemporaine en Algérie : la revue Al-Asala*, Éditions du CNRS, 1991.

8. Martine Gozlan, *L'Islam et la République. Des musulmans de France contre l'intégrisme*, Belfond, 1994.

9. Mohamed Abed al-Jabri, *Introduction à la critique de la Raison arabe*, La Découverte, 1994.

V. *Pourquoi l'intégrisme fait-il la guerre aux femmes ?*

1. Florence Assouline, *Musulmanes, une chance pour l'Islam*, Flammarion, 1992.

2. Chapour Haghighat, *Iran, la révolution islamique*, Éditions Complexe, 1989.

3. Frantz Fanon, *Sociologie d'une révolution*, Maspero, 1975. Cité par Benjamin Stora, in *L'Algérie en 1995, op. cit.*

4. La circulaire du ministre de l'Éducation nationale, François Bayrou, en date du 20 septembre 1994, interdisait « les signes ostentatoires de la religion » à l'école. Elle suscita de nombreuses réactions dans la communauté musulmane française comme à l'étranger.

5. Jamal Eddine Bencheikh, « Être arabe à 20 ans », tribune publiée dans *Quantara*, revue de l'Institut du monde arabe, et reproduite dans *Jeune Afrique* du 10 au 16 juin 1993.

6. Tahar Ben Jelloun, « Appel aux musulmanes », *L'Événement du jeudi* du 16 au 22 janvier 1992.

VI. *Existe-t-il un projet de société intégriste ?*

1. Ayatollah Khomeiny, « L'explication des problèmes », traduction de Jean-Marie Xavière, in *Principes de l'Ayatollah Khomeiny*, Éditions libres Hallier, 1979.

2. Coran, sourate 2, verset 275.

3. Patrice Piquard, « Les banquiers d'Allah », *L'Événement du jeudi* du 11 au 17 février 1993.

4. Interview par Slimane Zeghidour, in *Politique internationale*, automne 1990.

VII. *Quelle est la nature de l'Internationale islamiste ?*

1. Olivier Roy, *L'Échec de l'Islam politique, op. cit.*
2. Luis Martinez, *Les Groupes islamistes entre guérilla et négoce*, Centre d'études et de recherches internationales, août 1995.
3. Olivier Weber, « Peshawar, nid de terroristes », *Le Point*, 14 août 1993.
4. Auteur d'un essai sur l'islamisme en Algérie, *Les Frères et la mosquée*, Éditions Karthala.
5. Voir Nicole Grimaud, « La spécificité tunisienne en question », *Politique étrangère*, été 1995.

VIII. *Un pays musulman peut-il résister à l'intégrisme ?*

1. Cité par Rémy Leveau, in *Le Sabre et le Turban, op. cit.*
2. Entretien avec l'auteur, Rabat, juin 1995.
3. Entretien avec l'auteur, Rabat, juin 1995.
4. Entretien avec l'auteur, Rabat, juin 1995.
5. Alain Chenal, « La Turquie et le monde arabe », in *Le Rôle géostratégique de la Turquie*, actes du colloque de l'Institut de Relations internationales et stratégiques, Iris presse, 1995.
6. Chiffre cité in *Atlas mondial de l'Islam activiste, op. cit.*
7. Vincent Cauche, *L'Islamisme*, La Découverte, 1994.
8. Interview par Yves Heller et Nicole Pope, in *Le Monde*, 31 mai 1995.

IX. *L'intégrisme est-il une menace pour l'Europe ?*

1. Cité par Hervé Terrel, in *Exils et royaumes. Les appartenances au monde arabo-musulman aujourd'hui*, Presses de la Fondation nationale des Sciences politiques, 1994.
2. Cité par Dominique Lagarde, dans *InfoMatin* du 15 septembre 1994.

3. Gilles Kepel, *À l'Ouest d'Allah*, Le Seuil, 1994.

4. Friedrich Heckmann, « Nation, État-Nation et politique à l'égard des minorités ethniques », in *Musulmans en Europe*, Actes Sud, 1992.

5. Soheib Bencheikh publie en 1997 *Marianne et le Prophète* (Grasset), un plaidoyer pour un Islam de progrès compatible avec la laïcité républicaine et l'esprit de la société française.

6. Sondage Louis Harris-*Valeurs actuelles*-Europe 1, publié dans *Valeurs actuelles* du 4 mars 1995.

TABLE

Table 199

DU MÊME AUTEUR

L'Islam et la République.
Des musulmans de France contre l'intégrisme

Belfond, 1994

EXTRAITS DU CATALOGUE

Espaces libres

Islam, l'autre visage, Eva de Vitray-Meyerovitch (n° 52).
Le Soleil d'Allah brille sur l'Occident, Sigrid Hunke (n° 76).
Nous avons tant de choses à nous dire. Pour un vrai dialogue entre chrétiens et musulmans, Rachid Benzine et Christian Delorme (n° 88).

La Bibliothèque spirituelle

Le Coran. Essai de traduction, Jacques Berque.
Les Soufis d'Andalousie suivi par *La Vie merveilleuse de Dhû-L-Nûn l'Égyptien*, Muhyi-d-din Ibn 'Arabî.
Approche de la mystique dans les religions occidentales et orientales, Carl-A. Keller.

Albin Michel Spiritualités / grand format

L'Interprète des désirs, Muhyi-d-din Ibn 'Arabî.
L'Homme intérieur à la lumière du Coran, Cheikh Bentounès.
Musique et extase. L'audition mystique dans la tradition soufie, Jean During.
L'Incendie de l'âme. L'aventure spirituelle de Rûmî, Annemarie Schimmel.
Hindouisme et soufisme. Une lecture du « Confluent des Deux Océans » de Dârâ Shokûh, Daryush Shayegan.
La Prière en Islam, Eva de Vitray-Meyerovitch.

Hors collection

À la croisée des trois monothéismes. Une communauté de pensée au Moyen Âge, Roger Arnaldez.
Relire le Coran, Jacques Berque.
L'Humanisme de l'Islam, Marcel Boisard.
Penser l'art islamique. Une esthétique de l'ornement, Oleg Grabar.
L'Islam en France, Francis Lamand.
L'Islam et l'Occident, Michel Lelong.
L'Âme de l'Iran, René Grousset, Louis Massignon, Henri Massé.

Sultanes oubliées. Femmes chefs d'État en Islam, Fatima Mernissi.
Le Harem politique. Le Prophète et les femmes, Fatima Mernissi.
Le Harem et l'Occident, Fatima Mernissi.
Le Gihad dans l'Islam médiéval, Alfred Morabia.
Les Penseurs libres dans l'Islam classique, Dominique Urvoy.

Carnets du calligraphe

Les Quatrains, Djalâl-od-Dîn Rûmî, calligraphies de Hassan Massoudy.
L'Harmonie parfaite, Ibn 'Arabî, calligraphies de Hassan Massoudy.

Carnets de sagesse

Paroles d'Islam, Nacer Khémir.
Paroles soufies, Sylvia Lacarrière.

La composition de cet ouvrage
a été réalisée par Nord Compo
à Villeneuve-d'Ascq
l'impression et le brochage ont été effectués
sur presse Cameron dans les ateliers
de **Bussière Camedan Imprimeries**
à Saint-Amand-Montrond (Cher),
pour le compte des Éditions Albin Michel.

Achevé d'imprimer en janvier 2002.
N° d'édition : 20317. N° d'impression : 015629/1.
Dépôt légal : janvier 2002.